頭がよくなる名言100

Brain will be better by golden sayings.

木村進

SOGO HOREI PUBLISHING CO., LTD

はじめに

人間は言葉でつくられる。

そして人生は言葉との出会い、人との出会いで決まる。

この「言葉と人との出会い」を一石二鳥で我々にもたらしてくれる方法が、本書で提唱する「名言を書き出し、書き写し、声に出して読み覚える」というものである。

長い年月語り継がれてきた含蓄ある言葉を覚え血肉化することで、その世界観は自分のものとなり、それは同時にその言葉を遺した偉人と深く交流することにつながり、その思考があたかも自分の考えかのように、いい意味で錯覚するようになる。

実際、私はこの方法で、頭も心も活性化するのをいつも実感している。

「書いて声に出して覚える」という作業自体が、頭を活性化させる大きな要因となる。

そして、人生の各場面で、判断に迷ったときなど、偉人たちの名言がいつも私にアドバイスを送ってくれたり、背中を押してくれたりするようになる。これはすなわち、偉人たちの思考パターンを身につけたことによる効用といえる。

これらの経験を通して、今では私は、「人間の頭は、偉人の名言でどんどんよくなる」と確信している。

それのみならず、人格も名言でどんどんよくなっていく。偉人たちと対話を繰り返すことによって、人格も自ずと磨かれるからであろう。

人格と頭の双方がよくなれば、この世に怖いものはなくなっていく。

そのためにも、私は日々名言を書き出し、書き写し、声に出して覚え、私自身を賢く、強くするように努めている。

こう考えてみると、名言をただ味わうだけではいかにももったいないとは思わないだろうか？

本書では、私が愛唱している名言の中から100個を厳選して、私なりの解釈を加えさせていただいた。

名言を覚えるさいの一助となれば幸いである。

木村　進

本書の使い方

1 名言を3回黙読する

---

2 名言を声に出して読みながら、ノートなどに7回書き出す

---

3 解説文を読み、名言の理解を深める

---

4 普段、よく使っている手帳・ノート・カレンダーの余白などに名言を書き写し、常に眺められるようにして、完全に自分のものにする

CONTENTS

もくじ

BRAIN WILL BE BETTER
BY GOLDEN SAYINGS.

はじめに …… 2

第1章 決断

01 アイソーポス（作家／古代ギリシャ） …… 16
02 アントン・チェーホフ（劇作家／ロシア） …… 18
03 ウィリアム・シェイクスピア（劇作家／イギリス） …… 20
04 ウィリアム・ジェームズ（心理学者／アメリカ） …… 22
05 ウィリアム・ヒクトン（説教師／イギリス） …… 24
06 ウォルター・クライスラー（実業家／アメリカ） …… 26
07 エドワード・ブルワー＝リットン（作家／イギリス） …… 28
08 エピクロス（哲学者／古代ギリシャ） …… 30
09 エルバート・ハバード（著述家／アメリカ） …… 32
10 F・スコット・フィッツジェラルド（作家／アメリカ） …… 34

11 オリソン・スウェット・マーデン（作家／アメリカ）…… 36
12 ギュスターヴ・フローベール（作家／フランス）…… 38
13 ジョージ・ワシントン・カーヴァー（植物学者／アメリカ）…… 40
14 セオドア・ルーズベルト（政治家／アメリカ）…… 42
15 トーマス・カーライル（思想家／イギリス）…… 44
16 トーマス・カーライル（思想家／イギリス）…… 46
17 トーマス・フラー（神学者／イギリス）…… 48
18 ナポレオン・ボナパルト（軍人／フランス）…… 50
19 ブッカー・T・ワシントン（作家／アメリカ）…… 52
20 プラトン（哲学者／古代ギリシャ）…… 54
21 フリードリヒ・ニーチェ（哲学者／ドイツ）…… 56
22 ベンジャミン・フランクリン（政治家／アメリカ）…… 58
23 ヘンリー・デイヴィッド・ソロー（作家／アメリカ）…… 60
24 ラルフ・ワルド・エマーソン（思想家／アメリカ）…… 62
25 ルキウス・アンナエウス・セネカ（政治家／古代ローマ）…… 64

第2章 計画

26 アリストテレス（哲学者／古代ギリシャ）……68
27 ヴィクトル・ユーゴー（作家／フランス）……70
28 ウィリアム・シェイクスピア（劇作家／イギリス）……72
29 ウィリアム・メイクピース・サッカレー（作家／イギリス）……74
30 ウィリアム・ワーズワース（詩人／イギリス）……76
31 オーギュスト・ロダン（彫刻家／フランス）……78
32 オリバー・ウェンデル・ホームズ・シニア（作家／アメリカ）……80
33 オリソン・スウェット・マーデン（作家／アメリカ）……82
34 ゲーテ（劇作家／ドイツ）……84
35 ジェームズ・フリーマン・クラーク（聖職者／アメリカ）……86
36 ジャン＝ジャック・ルソー（思想家／フランス）……88
37 トーマス・エジソン（発明家／アメリカ）……90
38 トーマス・カーライル（思想家／イギリス）……92
39 プルタルコス（作家／ローマ）……94

第3章 発見

40 ベンジャミン・ディズレーリ（政治家／イギリス）……96
41 ベンジャミン・フランクリン（政治家／アメリカ）……98
42 ヘンリー・デイヴィッド・ソロー（作家／アメリカ）……100
43 ヘンリー・フォード（実業家／アメリカ）……102
44 マクシム・ゴーリキー（作家／ロシア）……104
45 マーティン・ヴァン・ビューレン（政治家／アメリカ）……106
46 マハトマ・ガンジー（政治指導者／インド）……108
47 ラルフ・ワルド・エマーソン（思想家／アメリカ）……110
48 ルイス・キャロル（作家／イギリス）……112
49 ルートヴィヒ・ヴァン・ベートーヴェン（音楽家／ドイツ）……114
50 レオナルド・ダ・ヴィンチ（芸術家／イタリア）……116
51 アリストテレス（哲学者／古代ギリシャ）……120
52 アルトゥル・ショーペンハウアー（哲学者／ドイツ）……122

53 アレクサンダー・グラハム・ベル（発明家／イギリス）……124
54 ウィリアム・ジェームズ（心理学者／アメリカ）……126
55 エイブラハム・リンカーン（政治家／アメリカ）……128
56 サミュエル・ウルマン（詩人／アメリカ）……130
57 ジークムント・フロイト（精神分析学者／オーストリア）……132
58 シャルル・ボードレール（詩人／フランス）……134
59 ジョゼフ・コンラッド（作家／イギリス）……136
60 セーレン・キェルケゴール（哲学者／デンマーク）……138
61 セオドア・ルーズベルト（政治家／アメリカ）……140
62 トーマス・エジソン（発明家／アメリカ）……142
63 トーマス・カーライル（思想家／イギリス）……144
64 ハーマン・メルヴィル（作家／アメリカ）……146
65 フランシス・ベーコン（哲学者／イギリス）……148
66 フリードリヒ大王（第3代プロイセン王／ドイツ）……150
67 ベン・ジョンソン（劇作家／イギリス）……152
68 ヘンリー・ヴァン・ダイク（作家／アメリカ）……154

第4章 進化

69 ヘンリー・フォード（実業家／アメリカ）……156
70 ヘンリー・ワーズワース・ロングフェロー（詩人／アメリカ）……158
71 マーク・トウェイン（作家／アメリカ）……160
72 マルセル・プルースト（作家／フランス）……162
73 ラルフ・ワルド・エマーソン（思想家／アメリカ）……164
74 リヒャルト・ワーグナー（作曲家／ドイツ）……166
75 レオナルド・ダ・ヴィンチ（芸術家／イタリア）……168
76 アーサー・コナン・ドイル（作家／イギリス）……172
77 アンドリュー・カーネギー（実業家／アメリカ）……174
78 ウィル・ロジャース（コメディアン／アメリカ）……176
79 ヴィクトル・ユーゴー（作家／フランス）……178
80 エルバート・ハバード（著述家／アメリカ）……180
81 オスカー・ワイルド（作家／イギリス）……182

82 オリソン・スウェット・マーデン（作家／アメリカ）……184
83 クリスチャン・ネステル・ボビィー（作家／アメリカ）……186
84 ゲーテ（劇作家／ドイツ）……188
85 サミュエル・スマイルズ（作家／イギリス）……190
86 ジョージ・バーナード・ショー（劇作家／イギリス）……192
87 トーマス・カーライル（思想家／イギリス）……194
88 トーマス・ジェファーソン（政治家／アメリカ）……196
89 トーマス・フラー（神学者／イギリス）……198
90 ハーベイ・ファイアストーン（実業家／アメリカ）……200
91 ブッカー・T・ワシントン（作家／アメリカ）……202
92 プラトン（哲学者／古代ギリシャ）……204
93 プルタルコス（作家／ローマ）……206
94 ヘンリー・フォード（実業家／アメリカ）……208
95 ベンジャミン・ディズレーリ（政治家／イギリス）……210
96 マハトマ・ガンジー（政治指導者／インド）……212
97 マルクス・トゥッリウス・キケロ（哲学者／ローマ）……214

ブックデザイン　土屋和泉

第1章

決断

BRAIN WILL BE BETTER
BY GOLDEN SAYINGS.

01

親切な人は日々成長する

親切な行いというのは、
どんな小さなものでも、
決して無駄になることは
ないものである。

アイソーポス（作家／古代ギリシャ）

アイソーポスはかつて日本では英語読みでイソップと呼ばれた人物である。『アリとキリギリス』で有名な寓話作家である。紀元前六世紀ころの古代ギリシャの人と見られている。

さて、アイソーポスのここでの言葉は、昔から全世界共通の教えの一つとなっているものである。

これを古代中国では、広く〝仁〟と言った。

つまり、仁者が人格者となり、人生すべてにおいてうまくいく基本になるのだとした。

人を思いやれることを考えられるようになろうと言った。

日本の「情けは人のためならず」というのも、元来は、人に親切にすれば、その結果は回り回って、自分にとってよいことをもたらすことになるというものだ。

なぜそうなるのか。

それは世の中というのは、人とのつながりでできているからだ。親切にされた人は親切にした人のことを悪く思うわけがない。だから、必ずよい結果が生まれることになるのだ。

もっとも、そんなことを考えている人が、つまり親切を効率で考えている人が、本当に親切かどうかは疑問であるが。

02

知識は実践されるためにある

知識は、実践されないと価値がない。

アントン・チェーホフ（劇作家／ロシア）

日本人ほどの本好きはいない。

私は本を読むこと自体が、世の中のためになることであるとの説をとる。

その真意は、国民の間に本の知識が広まることが社会の底力になるし、出版事業の活性化につながって、やはり国家の隆盛に大きな影響を与えるからだ。

ただそこには、その本の知識を生かしてくれる人たちの存在が必要となるので、厳密に言うと、知識は実践されなくては価値がないというチェーホフの言葉は間違いないと思っている。

日本にはこの意味の教えは多い。

「本の虫」（本を読んでいるだけの奴は役に立たない虫のようなもの）

「論語読みの論語知らず」（論語のことは文章としてよく知っているのに、その教えていることをまったく実行できない人は、つまらない人間である）

などである。西田幾多郎《にしだきたろう》の哲学でも、「知ることは愛することである」とある。つまり実践してはじめて本当の知識であることを説く。

私もこうした伝統の中で日本人の一人として、知識を実践していくために本を読んでいきたい。

03

自分の行為に責任を持て

人は誰しも、
自分の行為の結果については、
嫌でも受け入れなくてはならない。

ウィリアム・シェイクスピア（劇作家／イギリス）

シェイクスピアがここで言っているのは、次のようなことではないか。

つまり責任をとろうとしない人でも、必ず自分の行為の結果は自分に跳ね返ってくることになり、人はそれから逃れることはできないということだ。

すなわち人生は、すべては自分のそれまでの行為の結果でしかない。

だから、今の自分の状況について受け入れたくないというのなら、まず自分を変えるべきである。

なりたい自分をつくるために、そのための行為をすればよいのである。

シェイクスピアは、数々の職業をこなし、しかもそれはかなりのレベルだったらしい。

その分野での第一人者となるだけの準備をし、勉強し、努力をした。

そしてそれを基に、歴史に残る劇作家となっていった。

単に抽象的に頭で描いたというのではなかった。

その自信が、彼をしてこのような言葉を言わせたのであろう。

今日から自分の行為をどうすべきか、真剣に考えてみるのも、これからの自分が楽しみになる生き方である。

04

強い行動はよきインパクトを与える

変化を起こすように
強く行動をしてみよう。
そうすることで、
必ず事は動き始める。

ウィリアム・ジェームズ（心理学者／アメリカ）

ウィリアム・ジェームズは、強く変化を起こすことによって、自分の目指したことは、大抵のことは実現していくことになると言う。

この変化を起こすために必要なことは、心を変えることだと考える。

ウィリアム・ジェームズは、心理学者・哲学者（アメリカ・プラグマ哲学の先覚者）であり、人は心に描いたような人になるものというアメリカ成功哲学の本流となる考え方を多く示している。

有名な言葉の中に次のようなものがある。

「心が変われば行動が変わる。行動が変われば習慣が変わる。習慣が変われば人格が変わる。人格が変われば運命が変わる」

「人生は生きる価値があるものと言える。なぜなら、人生は自分でつくれるからだ」

このように、自らが考えたことを実現していくために、自分を信じて、強く行動していけばいいと勇気づける。

それが必ずよきインパクトを人生に与え、必ず事が動き出す。そしてさらに自分の望むような行動を続けるのである。それは運命でさえ自分主体で変えていくほどの力となるだろう。

05

試みよ、再び試みよ

もし、最初に
上手くいかなかったとしても、
また試みてみなさい。
また失敗したら、
もう一度試みてみなさい。

ウィリアム・ヒクトン（説教師／イギリス）

ここでウィリアム・ヒクトンが言わんとしていることは、次のようなことであろう。

人は一度挑戦しただけであきらめてしまうことが多い。それでは、何事も成就しないことになる。やるべきだと思ったなら、それが成し遂げられるまでやってみるくらいの信念が欲しいということだ。

この信念があれば、必ずやるべきことであると考えたことが実現されていくだろう。

もちろん挑戦してみて、多くは失敗することになるだろう。

それを反省し、その失敗を勉強して、次の挑戦への工夫をしていくのだ。

この繰り返しで、必ず物事は達成されることになるに違いないのだ。

このように最初に試みるやり方にもこだわる必要はなく、そして失敗したら自分なりの工夫をして再度挑戦するようにしたいものである。

一度の試みであきらめることはないようにしたいものだ。成功するまで何度でもやってやるという気概を持つべきだ。

06

情熱を起こそう

成功の第一の秘訣は、情熱にある。

ウォルター・クライスラー（実業家／アメリカ）

これは、エマーソンの有名な言葉「情熱なしに偉大なことが成し遂げられたことはない」と同じ趣旨のものである。

ウォルター・クライスラーは、フォード、GMと並ぶアメリカ自動車会社のビッグスリーの一つとなったクライスラーを創業した。

ニューヨーク・マンハッタンにそびえる超高層のクライスラービルは、ニューヨークを象徴するビルの一つとして有名である。

アメリカを代表する思想家と実業家がそろって「情熱が、物事を成し遂げるために不可欠なものである」と述べている。

これが真実であることは、古今東西の偉人と呼ばれる人たちの生き方を見てもすぐわかる。

偉人とまで言わなくても、私たちがある目的を達しようと思えば、心の中に情熱を起こさずして何も成せないことは言うまでもないことだと思う。

07

決意と努力が天才をつくる

望まれるのは才能ではなく強い決意だ。
すなわち能力ではなく、
仕事を達成しようという意欲である。
仕事達成への確かな努力を継続した人が、
天才と呼ばれる人になるのだ。

エドワード・ブルワー＝リットン（作家／イギリス）

天才はつくられるものである。

ただ、才能があるだけでは、まったくその分野で一流になることもできない。ましてや天才と呼ばれるほどの人をよく見ると、必ずそこには確かな、そして継続した努力が認められる。

例えば、日本のプロ野球で天才と呼ばれた長嶋茂雄、王貞治、イチローなどを見ると、一見才能溢れた人のように見えるが、本質はそこではなく、確かな、そして継続した努力にあったのだ。

才能だけでは、草野球の四番バッターでしかなかったろう。

この努力の前提として強い決意が必要となる。何としても一流の選手になるんだという決意である。あとはその決意にしたがった血のにじむような努力である。

そして、その努力はいつしか喜びに変わる質のものである。自分の達成しようという意欲に応える結果が出てくると、日々の努力は苦しさより喜びとなるもののようである。その結果、天才と呼ばれる人になっていく。

08

大きな困難が栄光をつくる

困難が大きければ大きいほど、
栄光も大きなものとなる。
腕のよい水先案内人（パイロット）は、
嵐や暴風雨を乗り越えることで
名声を得ていく。

エピクロス（哲学者／古代ギリシャ）

目指すものが大きければ大きいほど、困難も大きなものとなる。

この困難を乗り越えたときの栄光は、大きなものとなる。

栄光というものは、自分にとって望ましいこととでも言ったらよいであろうか。

それが財産的なもの、社会的な地位、自分の内面的な成長など、人それぞれに目指すところは違うであろう。

いずれにしても、その栄光は、何の苦労も、正当な努力もなしに達成されることはないと思うべきである。

もし、そのような過程を経ることなしに、スイスイと結果が得られるようであれば、そこには必ず落とし穴があると思っていなければならない。

何も無理をして自分から困難を迎える必要はないが、自分なりの高い目標を立てて、突き進めば必ず大きな困難や抵抗にあう。

これを乗り越えるところに、自分の目指した本物の栄光が待っている。

09

失敗を恐れてはいけない

人生における最大の失敗とは、
失敗を恐れ続けることだ。

エルバート・ハバード（著述家／アメリカ）

「失敗を恐れる」ということは、何も挑戦しないことだ。人の批判を受け、あるいはつらい思いをしなければならなくなるのを回避したいとの考えからそうなる。

気持ちはわかるが、これではあなたの人生がとてももったいないことになるのではないか。

エルバート・ハバードの言葉に次のようなものがある。

「他人に批判されたくないなら、何もやらず何も言わなければいい。しかし、それは生きていないのと同じではないか」

そうだとしたら失敗を恐れることなしに、やりたいことに挑戦してみることだ。

たとえ、そこで失敗することがあっても、なぜ失敗したかがわかり、次にそこに気をつけて再び挑戦すればいい。

それでも失敗したら？

もう一度、工夫して挑戦すればいいだけだ。

10

流れに逆らってでも進むときは必要である

前へ前へと進み続けるのだ。
何度も過ちによって戻されようとも、
流れに逆らってでも
目的地に向かうボートのように
漕ぎ続けるのだ。

F・スコット・フィッツジェラルド（作家／アメリカ）

目標を達成するコツは、結局は、目的地に着くまでボートを漕ぎ続けるということだ。いつまでも風や流れが変わることを待っているという行為は、偶然そうなることを期待するということになる。しかし、そうなる保障はない。

人生は長いようであっという間だ。

特に20代、30代はいくらでも時間があるように思えるかもしれないが、それは錯覚にすぎず、時間の浪費は非常にもったいないし、後で悔やんでも悔やみきれない。

流れに逆らってでも、目的地に向かうためにボートを漕ぎ続けているうちに、漕ぎ方もうまくなる。

もしどこかで流れが変わったら、スイスイといくはずだ。逆にその前にあきらめたら、すでにボートは押し戻されて目的地外のところに流れついている可能性が高い。

目標を決めたら、そこに向かう。決してあきらめずに漕ぎ続ける。少しずつでもいいではないか。そうすれば必ずそこに到達するのだ。

11

願望と習慣が一致したとき、事は成る

運命は私たちの思いと共に
変わっていく。
私たちの願望が習慣を変え、
これと一致したとき、
私たちは、
願いを叶えていくことができる。

オリソン・スウェット・マーデン（作家／アメリカ）

「運命」とは、一般に、変わらないものと考えられてしまっている。

例えば『広辞苑』によると、「人間の意志にかかわりなく、身の上にめぐって来る吉凶禍福のそれぞれをもたらす人間の力を超えた作用」とある。

しかし、これは、東洋思想から見てもおかしい。昭和の時代に〝日本人の師〟と呼ばれた安岡正篤は、「運命は動いて止まらないが、そこに自ずから法則（数）がある。そこで自然界の物質と同じように、その法則をつかむと、それに支配されないようになる。自主性が高まり、創造性に到達する。つまり自分で自分の『命』を生み、運んでいけるようになる」という。

エマーソンも、「思いを変え、行動を変え、習慣を、運命を変えていく」と言っているが、安岡と同じである。

ここでマーデンが述べているのも同じ趣旨である。すべての根本は私たちの思いであり、それが行動、習慣を変えて一致したとき、思っていたようになっていくのが人間であるということだ。

12

人生で最高の瞬間

人生で最も輝かしい瞬間とは、
いわゆる成功のときではない。
それはむしろ失意と絶望の中で、
人生への挑戦と将来への展望が
わき起こるのを感じたときのことだ。

ギュスターヴ・フローベール（作家／フランス）

失意と絶望の中で、「なにくそやってやるぞ」と言えるとき、そのためにやることを見出せたときこそが本当に素晴らしい。

こんなときに再び挑戦しようという気には、なかなかなりにくいものだ。

しかし、この失意や絶望を与えられた人生の失敗は、飛躍のチャンスを与えられたときでもあることに気づきたい。

そのことに気づき、再度挑戦し、前の失敗を学んで次は成功してやると決意する人が、自分の人生目標を達成できるのである。

物事への情熱というのは、このようなことを言うのだ。

ヘーゲルは言った。

「この世で情熱なしに達成された偉業は何一つない、と断言できる」と。

このヘーゲルの言葉に勇気をもらえた人は多いだろう。

失意と絶望の中において、再び人生へ挑戦していくぞとの固い決意ができる人が、真の情熱の人と言える。そしてそういう人になれたというのが最も輝かしいのである。

13

言い訳ばかりだと絶対に成功しない

失敗で終わることの99%は、
言い訳をする人によってなされる。

ジョージ・ワシントン・カーヴァー（植物学者／アメリカ）

失敗はいい。

次により飛躍するための、ヒントを多く与えてくれるからである。

ただ、失敗が失敗のままに終わる人もいる。

このような人にとって、失敗は何のチャンスにもならない。

失敗で終わる人の99％は、言い訳をする人であるとカーヴァーは述べている。

私もそう思う。

言い訳は必要ない。反省は必要である。

言い訳と反省の違いは、あきらめていないか、次を考えているかどうかである。

最初からあきらめてしまう人は、必ず言い訳をする。

また、言い訳をする人は、他人が何かしてくれると思っている。だから、他人に言い訳をする。

しかし、自分で道を開いていく人は、言い訳をする必要がない。自分がすべての物事・人生の主役であり、自分で何とかするべきだと考えているからである。

言い訳はせいぜい会話のネタにするくらいに止めておき、失敗を笑い飛ばし、次を見ていろよと自分に言い聞かせておくようにしたい。

14

何もしないのが一番悪い

決断時における最善の選択は、
正しいことをすること。
次に良いのは
間違ったことをすることである。
一番悪いのは、
何もしないことである。

セオドア・ルーズベルト（政治家／アメリカ）

セオドア・ルーズベルトは、良くも悪くも日本と関係が深いアメリカ大統領であった。日露戦争の講和をあっせんしているが、日本にあまり有利にならないように導いている。というのも、その後の日本の台頭に危機を感じ、対日本戦略を考えて行動に移したからだ。オレンジ作戦という対日戦略もその一つだ。

彼は、新渡戸稲造の『武士道』を愛読し、日本研究も怠らなかった。

何もしないのが一番悪いという考え方どおり、常に何か先手を打って動いている。

一方、日本人は、徳川家康の伝統のように「旗幟《きし》不鮮明」にしておいて、いざというときに、よい方を採ろうというところがある。日本人同士の争いではよい戦術であった。

しかし、対外的な争いなどでは、これでは遅すぎることも多い。結局戦争まで追い込まれたのは、このためである。

早く欧米と和解する手を打って、次にその改善策を考えるほうがより正解に近かったはずだ。

特に世界的な問題が起こり、次々と情勢が動く現代では、国内においてもとにかく決断して動いてみるのがいい。

何もしないのが一番悪いといえる。

15

行動がすべてである

信念は、行動に移されなければ意味がない。

トーマス・カーライル（思想家／イギリス）

論語の中に、本当の思いがあればそういう行動をとるものだ、何かたくさん理由をあげてできていないと言い訳をするが、それは本当の思いを持っていないからだ、というくだりがある。

ここでのカーライルの言葉も、同じ趣旨のことを言っている。

もし行動に移さない信念というものがあるなら、それは信念と呼べないということである。

信念というのは、「何が何でもやってみせる」という強い思いのことである。

あれこれ理由をつけて行動しないのであれば、それは信念という言葉を使ってほしくないと思う。

信念を行動に移すためにやるべきことは、そのことを自分にこれでもかと言い聞かせることだろう。

次に大切なのは、とにかく第一歩を踏み出してみることである。それはたいしたものでなくていい。しかしそれは、本当の目標に達するための偉大なる行動の始まりなのである。

16

自ら動くことに意味がある

人生の中で、真に問われるのは、「何をもらったのか」ではなくて、「何をしたのか」である。

トーマス・カーライル（思想家／イギリス）

カーライルが言っているのは、人からもらう知識や財産、地位などは、自分の努力で手にしたもののほうが、ずっといいということだろう。

何も他からの知識、財産、地位を得ることを否定しようということではない。

例えば、相場で財産をたくさん手にした人や宝くじで好運にも大金を手にした人は、それらは自分の力で得たお金でないことから、不幸になることが多いという。

まわりの人がたかってきて、ギスギスした関係になったりする。

また、新たに、継続的に入ってくるものではないので、得た財産をいかにして守るかに人生のすべてを費やすことになる。これでは何のために生まれてきたのかわからない。

知識についても、他人の話や本から得たり、考えを練ることは重要だが、それを自分自身の行動で検証していくことをしなければ、生きた、役立つ知識とはならない。

このように、「自分で何をやっていくかが人生で一番問われることである」というのは、納得ができる。

17

チャンスを生かす

賢者は、チャンスを幸運へと変える。

トーマス・フラー（神学者／イギリス）

幸運は、努力している人に与えられるものと言われている。

それは間違いないが、より正確に言うと、幸運は、チャンスを生かした人に与えられているものであるということだ。

そして、実は、チャンスは、各人に平等に与えられていることがほとんどであって、そのチャンスを生かし、それを幸運へと変えるのが俗に言う成功者であり、幸運の人なのである。

だからチャンスを幸運に変えるのが賢者ということになる。

賢者は、チャンスが来る前に、チャンスが来たときのための準備を怠らない。

努力をする人というのは、チャンスを生かす準備をする人のことを言い、それが賢者なのである。

何もしないでチャンスが来たときにそれを生かせない人は、いつも幸運がやって来ないと嘆く。

つまり愚者のことだが、この手の人には運にもツキにも幸福にも、まったく縁がないことになる。

18

よく考え、すぐ行動する

じっくり、よく考えろ。
しかし、行動する時が来たら、
考えるのはやめて、
ひたすら進め。

ナポレオン・ボナパルト（軍人／フランス）

この言葉からナポレオンの強さがわかるし、名将と呼ばれた歴史上の人も、これを実践していた人であったといえる。

この姿勢は、戦争での戦いにおいてのみならず、私たちの仕事におけるやり方としても参考になる。

とにかく、普段はじっくりと考え、いろいろな状況を考えて準備をしておく。そしていざ行動を起こす時が来たら、とにかく動いて攻めるのである。

行動する時にも、考えすぎると動きが鈍りがちになり、一番やってはいけない戦力の逐次投入をやってしまうことも多くなる。つまり勝てなくなるのだ。

意思と戦力を集中して、ひたすら戦ってから、その戦いを分析、反省し、次の体勢を考えるのも大切である。

よく「勝ち過ぎはよくない」と言われるのは、この戦いの後の分析、反省、改善に手抜きが生じやすく、逆に敗れたほうがヤケになって反撃することになるからである。

だから戦うときは、ひたすらそれに集中するが、戦う前と後にはよく考え、じっくり反省することも大切なのである。

19

つき合う人を選ぼう

よい人たちとつき合うべきである。悪い人とつき合うくらいなら、一人でいたほうがいい。

ブッカー・T・ワシントン（作家／アメリカ）

古今東西の偉人が口を揃えて教えてくれるのは、「よい人とつき合わなければならない」ということである。

孔子は、「自分にふさわしくない人を友人としてはいけない」と言った。

吉田松陰は、「師と友はよく選べ」と指導した。

実際、この二人が教えた人たちは、よい人材となって活躍した。

「よい人」とはどんな人か。

私利私欲だけに走らない人である。

世の中の幸福や向上を考えて、自分も向上させて役立とうと考えている人である。

だから他人を思いやることができ、自分に厳しく、自分を鍛えていこうと努力する人である。

そうでない、「自分の都合のためには他人も利用しよう」などと考えている人とは、絶対つき合うべきではない。自分の一生も台無しとなる。

だからつき合うべきよい人が見つかるまでは、むしろ一人だけのほうがずっといい。本でも読んで偉人たちとつき合おう。

20

自分に打ち勝つ

自分自身に
打ち勝つことこそ、
人生において第一の、
最も尊い勝利である。

プラトン（哲学者／古代ギリシャ）

自分に打ち勝つことはとても難しい。

人が、ある願望や目標を立て、それを達成するのに、最大の敵となるのは自分なのである。

ほとんどは、自分に負けてダメになる。だからプラトンは、自分自身に勝つことは、人生第一の、そして最も尊い勝利だと言ったのだ。

自分に打ち勝つことは、日本でも〝克己《こっき》〟と呼ばれ、人格者としての目標とされてきた。

例えば、克己の人と言えば西郷隆盛がよく知られているが、その西郷自身、次のように述べている。

「ほとんどの人は、自分に克つことで成功し、自分を愛しすぎることによって、だめになっていく」

そして、この克己ができるための心得として、論語にある次の四つの戒めをすすめている。

「勝手に推測しないこと。無理強いしないこと。固執しないこと。我ばかり通さないこと」

このようにしつつ、自らを戒め、そして慎《つつし》んでいくことが重要なのだと説いた。そうすれば事を成し遂げられる人間になると言ったのだ。

21

人生には負荷も必要である

自分の限界一歩手前の負荷に耐え切ることが、自分を強くしてくれる。

フリードリヒ・ニーチェ（哲学者／ドイツ）

体を強くする方法は、ひたすら鍛えるしかない。

一流のスポーツ選手は、自分の限界一歩手前までの負荷を自分の体に与えるような訓練を毎日している。

これができない人は、一流のスポーツ選手にはなれない。

人生もまったく同じである。強い人は負荷に耐えた人である。

一流の人とは、限界一歩手前の負荷を乗り切ることができている人である。

仕事の面でも、この負荷を耐え切る人でないと一流にはなれない。

ある人によると、一流人は必ず納期を守るという。納期を守れない人は、この負荷に耐えきれない人で、これはすなわち自分をコントロールする力が弱い人、意志の力が弱い人だからだ。

誰でも、負荷に耐えるのはつらい。だからすぐに楽なほうを選びがちになる。

セコム創業者の飯田亮《いいだまこと》氏は、この自分の限界を感じたところで、もう一歩踏ん張って頑張れる人が、できるビジネスパーソンになると述べている。

22

最もパフォーマンスのよい投資先

知識への投資は、
常に最大の
利益（ベストパフォーマンス）を生む。

ベンジャミン・フランクリン（政治家／アメリカ）

ベンジャミン・フランクリンは万能の天才と思われているが、独学からの出発であった。独学ではあるけれど、勉強会を開いているし、先人の本からたくさんの知識を得ている。発明家、学者、実業家、外交官、政治家として当時の西欧社会で抜群の人気を誇った。投資家としても知られ、複利という考え方も彼によるとされている。その肖像は、アメリカ100ドル紙幣に描かれている。

若いころから合理主義者でもあったフランクリンは、当時では問題とされるような行動を起こしている。

日曜日に教会に行って牧師の説教を聞くより、本で知識を得たほうがよほど身になると考えて、それを実行に移している。

そこで培った知識を利用して、格言が書かれたカレンダーをつくって大儲けをしている。日本でも格言のついた日めくりカレンダーがあるが、その発想のもとはフランクリンにあったのだ。

こうして、学校ではほとんど教わらなかったフランクリンだったが、知識、知恵のために投資することが、最もパフォーマンスのよい投資であることをいつも述べていた。

23

自分のやりたいことをやってみるべきだ

この世界は、
私たちの想像力を発揮して描く、
キャンバスにすぎない。

ヘンリー・デイヴィッド・ソロー（作家／アメリカ）

まさにソローは、この言葉の通りに生きた。

せっかくこの世に生をうけてきたのだから、一度しかない人生なのだから、自分のやりたいこと、自分が正しいと思ったこと、自分を生かすと思えることをやってみようではないかと思ったのだ。

まわりからは、「常識に逆らう頑固な奴」と思われたであろう。

それでも自分自身を表現しまくって、その思想と行動は見事に後世の人に評価された。

生きている間は、エマーソンなどの数少ない理解者しかいなかったが、それで大いに幸せだった。

なぜなら、自分の創造力を発揮して、この世に絵を描いていたのだから。

普通の人は、こんな自分本位の生き方を通すのはなかなか難しいものだ。

ただ、参考にすべきところは大いにある。少なくとも人生の大事な部分、自分の生き方については、自分で決める覚悟は欲しい。それを「頑固者」と他人に言われても、いいではないか。

24

行動は何にも勝るものである

1オンスの行動は、1トンの理論、理屈に相当する。

ラルフ・ワルド・エマーソン（思想家／アメリカ）

1オンスは約28グラム、1トンは1000キログラムに相当する。

ここでエマーソンが言いたいのは、どんなに理論や理屈を並べても、実際に行動することに比べれば、たいした意味はないということだ。

理論や理屈というものは、それまで実行されていることの中から組み立てられているのであるから、本当は完璧であるとはいえないことがほとんどである。

もちろん理論や理屈で合理的に考えることの有用性は否定するべきではないが、それも行動がより重要であることを覆すことにはならない。行動は比較にならない重みを持っているのである。

エマーソンは述べる。

「どんな立派な船でも、無数の方向転換をしながら進んでいくものである」と。

つまり、動くことで、より正しい方向に修正することができ、目的地に正しく到達できるのである。理論、理屈だけでは到達することなど不可能なのである。

25

安易な道ばかりでは大したところに到達しない

険しくて、厳しい道が、偉大なる頂きへと導くのだ。

ルキウス・アンナエウス・セネカ（政治家／古代ローマ）

偉大な頂きとは、どういうものなのであろうか。

それは道が険しく厳しいため、今まで人が歩もうとしなかった道の先にあるものであろう。

もちろん、誰も気づかなかったということもある。

それでも、人の行かない道なき道を進むのであるから、困難な道であることは変わりない。

偉大なる頂きとは、それが人類にとって大いなる進歩をもたらすものや、世の人々に幸せをもたらすものを指していると思う。我々も、そのような偉大な頂きを目的地にするべきである。

ではこの険しい道、厳しい道を進むさいに気をつけるべきことは何か。

「つらい、厳しすぎる」と嘆いてばかりではもたないので、一つひとつ難所を乗り越えていくことに喜びを感じ、楽しみを見出すように工夫すべきである。つまり途中の道にも見るべきものを発見していきたい。

そして偉大なる頂きに到達したときのことを考えつつ、自分を励まして進んでいこう。

第2章

計画

BRAIN WILL BE BETTER
BY GOLDEN SAYINGS.

26

計画を立て、締め切りを守る

うまく始められたものは、半分できたも同然だ。

アリストテレス（哲学者／古代ギリシャ）

私自身の小さな経験を言うと、本を執筆するさいに、一行目を書き始めることができたとき、その本の完成は見えてくる。

問題は、一行目が書けるまでである。

尊敬する物書きの先輩たちも、「とにかく一行目を書いてみろ」と言っている。書いているうちに話は展開していき、そこで問題点も、深く追求すべきこともよく見えてくるのだ。

そして、もし書き始めの部分が物足りないとわかったら、書き直せばいいのである。

だからアリストテレスがここで言っていることは、実際正しいと思う。

だが、人生で難しいものの一つは、この「やり始める」ということである。

このとき、締め切りをつくるというのがよい方法であろう。そして締め切りを守るという気の張りを持つことである。

27

夢は必ず実現されていく

未来を創り出す
最大のものは、
人間の夢である。

ヴィクトル・ユーゴー（作家／フランス）

人間は夢に描いたものを実現してきた。

だから、未来を創り出そうとすれば、まずは夢を抱き、描かなければならない。

厳密に言うと、夢から目標にする必要がある。

その目標を言葉や数字で明確にするのだ。

さらに夢を実現していくためには、言葉を前向きにし、そこに向かって奮起していかなければならない。

こうして、夢は未来を創り出すものとして大きな力を持つようになるのだ。

以上のことを個人の人生でも応用していけば、やりたいことを実現していくことになるはずだ。

だから夢日記というものも考えられた。

夢日記を書いたことはないが、夢を小説にした人もいる。ヴェルヌなどがそうであろう。

夢を持ち、それを目標に落とし込み、それを的確な言葉と数字にしてノートや手帳に書き、日々それを眺め、確認し、自分の行動をそこに集約していくことで、ほとんどのことは実現していく。

28

楽しく仕事をすれば必ず成功していく

楽しみながら
仕事をすれば、
苦痛を癒してくれるし、
よい仕事ができる。

ウィリアム・シェイクスピア（劇作家／イギリス）

仕事をするときに、それが楽しいと仕事が苦にならないばかりか、仕事が生きがいになるようになる。

だから楽しんでやれるかどうかが、仕事で成功する上でのキーワードであることをシェイクスピアは教えてくれる。

また、楽しいと思えるかどうかで仕事を選ぶと、自分の天職に出会う確率も高まる。

例えば、私はこの原稿を元日に書いている。

はじめは、「正月くらい休んでもいいか」と思ったりするが、それでも締め切りまでに間に合わせようと、飲みたい酒も我慢してやり始める。

すると、少し苦痛を感じて始めた仕事なのに、途中から喜びに変わってくる。そこで「原稿を書くのをやめろ」と言われたら、逆にこれは拷問に思える。

昨日は畑に出て玉ねぎやニンニクの草取りをした。考えようによっては寒い中の肉体労働は苦痛である。しかし、これも喜びに変わってきて楽しくてしかたがなくなった。

29

この世は自分を映す鏡である

この世は鏡である。
すべての人に
自分の顔を映して見せる
鏡である。

ウィリアム・メイクピース・サッカレー（作家／イギリス）

私たちはよく「世の中が悪い」と言う。

その通りかもしれないが、その世の中は、自分自身も何らかの形でかかわっているものである。そして、そのことに気づかない人が多いのも事実である。

世の中は、自分の姿を映し出す鏡のようなものである。

だから世の中を変えたければ、まずは自分を変える必要がある。自分が変わっていけば少なくとも、世の中を見る目は変わってくるはずだ。

以前、新聞社でアルバイトをしたことがある。

そこではクレーマーみたいな人たちから電話がよくかかってきていた。彼らは世の中のことに対していろいろと不満があるらしく、文句ばかりを言っていた。

そのとき、あるデスクが答えるのを聞いて「なるほどな」と思った。

彼は、「あなたこそ世の中を変えることをしてほしい。新聞社にそんな力はありません。自分たちは商売になる情報を流しているだけですから」ということを言っていた。

新聞社にも錯覚している記者がたくさんいたが、このようによくわかっている記者も中にはいた。

世の中は自分を映す鏡と思っておけば、さして過度に期待することはなかろう。そして自分を変えることが、ひいては世の中を変えることにつながっていくことになるだろう。

30

中庸の徳

人生において一番よい生き方とは、
控えめで目立たず、
人の記憶に残らないくらいの、
小さいながらも優しさと愛に満ちた
行為をしていることだ。

ウィリアム・ワーズワース（詩人／イギリス）

古今東西で最善のものとされている人格の一つに「中庸《ちゅうよう》の徳」がある。

論語では、行き過ぎず、行き足りないこの中庸の生き方が、至上最高の徳とされている。

ベンジャミン・フランクリンも目指したい13徳の一つに、この中庸の徳を挙げている。

中庸の徳というのは、具体的にどのようなものなのかは、とてもわかりにくい。

ここにあるワーズワースの説明は、中庸の生き方の一つをうまく表現していると思う。

この視点から見ると、社会で有名な人は、この中庸の徳がうまくいっていないことが多いということになる。

人はつい目立つことをやりたくなり、人の記憶に残る善意の行為をしがちだからだ。

本物は、目立たず人の記憶に残らないような形での善行ができる人のことを指す。

ただし、この中庸の徳が見事に実践できるうえに、多くの人を幸せにしていった稀有《けう》な人は、歴史上の偉人として広く知れ渡ってしまうことになる。

孔子、ベンジャミン・フランクリン、ワーズワース、二宮尊徳らのような人である。

31

時間を無駄にするな

経験を賢く生かせるなら、無駄な時間は何もない。

オーギュスト・ロダン（彫刻家／フランス）

ロダンに言わせると、人生のために生かすことができない時間は無駄ということにもなる。

それだけ時間は限られている。

特に、10代、20代、30代は、とても貴重だ。

10代から30代までに挑戦し、失敗してもそれに学び、それを生かしてさらに挑戦することで、人の土台はつくられる。

だから、この時代に何を経験し何を学んだかが、自分の人生の行方や価値を大きく決めることになる。

孔子が、40歳を過ぎてひとかどの人間と知られないと、もう難しいと言ったのも、この趣旨によるものである。

10代、20代は、時間がたっぷりあると誤解しやすい。

気がつくと30代となり少々焦るが、まだ大丈夫と思う人も多い。しかし、あっという間に40代となり、「今さら」となるのだ。

気を休める時間や趣味の時間も悪くないが、人生は自分と時間との戦いでもあることを知っておきたい。

だから自分のやるべきことを見出して、それに打ち込み、その経験を生かしてどんどん成長していきたいものだ。

32

止まってはいけない

港にたどり着くには、
順風であれ逆風であれ、
航海を続けなければいけない。
決して漂ったり、
止まったりしてはいけない。

オリバー・ウェンデル・ホームズ・シニア（作家／アメリカ）

ここでの言葉は航海にたとえているが、私たちの人生全般について述べているものである。港というのは目的であり目標である。やりたいこと、願望と言ってもいい。これに到達、達成するためには、途中で決してあきらめずに、目的地を目指さないといけない。漂ったり止まったり（停泊したり）しても、そこであきらめてはいけない。

幕末のころ、ジョン万次郎という人がいた。

土佐の漁船に漁師として乗り込んだ万次郎少年は、船が難破して島に流れ着いた。他の大人たちはあきらめたが、彼は、次の目的地を目指した。どうにかしてアメリカ船に助けられ、乗り込むことにした。

アメリカで働き、学び、偉い人にも認められて、後に日本に帰った。

幕末に開国をめぐっての大動乱のとき、日米の懸け橋となる活躍をして貢献している。

途中、難破しようが漂流しようが、人生の目的を探して、航海を続ける強い意志と行動力が、私たちを次の高みに行かせるのだ。

33

偉業の条件

絶え間ない苦難、
やむことのない戦いという
大変な状況を
くぐり抜けていくことで、
偉業は成し遂げられる。

オリソン・スウェット・マーデン（作家／アメリカ）

静岡県湖西市《こさいし》にある豊田佐吉記念館では、豊田佐吉と喜一郎の生家が保存されている。この豊田家の座敷には、佐吉の父・伊吉が掲げたという掛軸があった。佐吉も喜一郎もこれを眺めて、座右の銘としたのだ。それは、

「百忍千鍛事遂全」

というものだ。

意味は、ここでマーデンが述べている趣旨と同じものである。

多くの偉人伝は、「晩年は努力と苦労の甲斐あって、これだけの偉業を成し遂げ、名誉と名声の中で終わった」というストーリーである。

だが、偉業を成した人たちの実際の人生は、死ぬまで苦難と戦い、大きな壁を乗り越え続けている。

トヨタ自動車の創業者・豊田喜一郎も、これからトヨタを再建していくぞという中で、亡くなっている。その人生のほとんどは、創業の大変さと倒産の危機の中で苦しみに耐え続けたものであった。

社会は、こうした偉業達成のために奮闘する人たちのおかげで進展してくのだ。

急がず、休まず

急がずに、
しかし休まずに、
進もう。

ゲーテ（劇作家／ドイツ）

ゲーテの代表作の一つ『若きウェルテルの悩み』は１７７４年に書かれ、『ヴィルヘルム・マイスターの遍歴時代』は、１８２１年に書かれた。実に50年もの時の経過がある。

二冊とも高校生のときに読んで感動した記憶がある。

私も、ゲーテには程遠いかもしれないが、コツコツとやるべきことを続けて、一生を有意義に送りたいものだと考えた。

そのときから30年後に、ゲーテの『イタリア紀行』を持ってイタリアを旅した。『イタリア紀行』は、ゲーテ若かりしころの体験を晩年に書いたものだが、その生涯を通しての人生の追求には見習うべきものがあると思った。

私たちの人生をより面白く、より充実したものにするコツは、ゲーテの生き方にあるのではないか。

決して急がず、しかし休まずに進むのである。自分がやりたいこと、やるべきことをじっくりと手に入れていこう。

35

小さな事でも全力でやる

どんな小さな事でも、
全力でやる。
これが大きなことができることに
つながる。

ジェームズ・フリーマン・クラーク（聖職者／アメリカ）

「神は細部に宿る」と言う。

偉大な芸術家や科学者などは、どんな小さな事にも手を抜かない。小さな事と見えるところに、かえって人を感動させるものがある。

私たちの人生においても、小さな事だからと、いいかげんにやったことから、大きな問題になることが多い。

反対に、小さなことでも全力で取りかかり、大発見、大発明などの大きな仕事につながることはとても多い。

例えば、昔、ソニーの大ヒット商品となったウォークマンは、音楽好きの創業者・井深《いぶか》大《まさる》が「出張中の飛行機の中でもいい音で聴きたい」と漏らしたのを受けて、盛田《もりた》昭夫《あきお》や技術者たちが真剣に取り組んで商品化したものである。

それにアップルのスティーブ・ジョブズも影響を受けて、後のｉＰａｄやスマートフォンにつながっていったのであろう。

私たち凡人は、小さなことだと思うとすぐ手を抜こうとするが、これではいけないと教えられる。

36

人生を豊かに、長く生きる

人生を最もよく生きた人間とは、
一番長く生きた人間のことではない。
最も豊かな経験を積んだ
人間のことである。

ジャン＝ジャック・ルソー（思想家／フランス）

生きる屍《しかばね》という言葉がある。

生命はあっても、もはや死んだも同然の人のことである。これでは、いくら100歳を過ぎて生きていてもしかたがない。

50、60歳を過ぎて、もはや食べて寝るだけで長生きする人はいる。

それはよいことで、おめでたいことではあるが、それだけではいかにももったいない。

では、人生を豊かに、長く生きるにはどうすべきであろうか。

もちろん一つには、何歳になろうが人生の希望や目標というものを持ち続けることである。

もう一つ大事なことは、若いときの過ごし方である。若いときこそ、夢と希望と目標を持ち、それに向かって必死に頑張るようにしたい。

このときに積んだ多くの経験が、人生を豊かにする。しかも50、60歳はおろか、100歳になろうとも、その経験から、さらに味わいのある人生を体験しつつ老後を送ることができる。

若いときからの挑戦と努力の経験が、その人の一生を豊かに、長くより充実したものにしてくれるのだ。

37

一生懸命に仕事をすれば、悩みもどこかに行く

悩みごとを
まぎらわせてくれるのは、
ウイスキーよりも
仕事である。

トーマス・エジソン（発明家／アメリカ）

私は若いときからウイスキーが好きで、うれしいときも悲しいときも、悩みごとがあるときも、何かというと飲んできた。

長年の経験から、エジソンの言葉にはまったく同意するのである。

いくら酒の量を増やしても悩みごとはまぎらわせることができず、もちろん解決することなどとてもできない。

悩みごとのほとんどは、人間関係か仕事がらみである。

これらをまぎらわせてくれるのは、やはり仕事に打ち込むことに尽きる。

一生懸命に仕事に集中していると、結果にも現れてくる。

時には、この自信が悩みごとや心配事に対してよい影響を与えることになり、場合によっては解決の道筋を教えてくれる場合もある。

というのも、私たちは仕事人間でもあり、そして仕事が人生に直結することが多いからだ。

このように熱心に仕事をしていると、仕事のことしか頭になくなるようになるし、仕事によって自分への評価も変わり、さらには自分が考えることがいい方向に変わることも多くなるものだ。

38
目標を持て

目標を持っていない人は、舵《かじ》のない船のようなものである。

トーマス・カーライル（思想家／イギリス）

日本を代表する哲学者・西田幾多郎《にしだきたろう》も、息子に宛てた手紙の中で、「目標を持たない人間ほど悲しいものはない」と言っている。

つまり目標がないというのは、カーライルが言うように、舵のない船と同じであって、ただ人生の浪間に浮かんでいるだけの存在だというのである。

自分の思い、自分の考え、自分の喜びが何であるのかなど、すべて他人任せとなる。

これでは「何のために生きているのか」となりはしないだろうか。

せっかく生まれてきた以上、自分という人間を示したいではないか。

次のジャンヌ・ダルクの言葉を重く受けとめたい。

「一度だけの人生、それが私たちの持つすべてだ」

一度だけの人生を、ただ浮かんで流れに任せるままでいてもつまらないし、何もできない。

もはや死んだも同じである。

目標という舵をしっかり持って、自分を生かし、喜びある人生を目指したい。

39

習慣がその人をつくる

その人の個性、人柄、能力は、長い間でできあがった習慣によってつくられる。

プルタルコス（作家／ローマ）

生まれつきの個性、人柄、能力を私たちは口にするが、厳密には、生まれつきのものかどうかはわからない。

持って生まれた才能はあるはずだが、私たちが見ることのできるものは、その人が生まれてきてから何を習慣にして、身につけてきたかである。

例えば語学の天才という人がいる。

一見、生まれつきの才能のようだが、例えばその人の話す母国語は、小さいときから親たちから繰り返し教わり、覚えたもののはずである。

オオカミに育てられた人は、大人になって人間の言葉を覚えることはできなかった。生まれてからの習慣がそうさせたのだ。

だから、私たちは、自分の生まれつきの能力がどうのこうのと言う前に、なりたい自分に向かっての習慣づくりに励むべきである。

そして本当にこうすべきだということがわかったら、それを習慣になるまで続けるのだ。それで自分の考えた個性というものが出てくる。

40

最悪の事態を考えて準備をすれば怖くない

私は最悪の事態を考えて
準備をする。
そのうえで、
最高の結果になることを
期待している。

ベンジャミン・ディズレーリ（政治家／イギリス）

よく使われているディズレーリの名言に「絶望とは愚か者の結論である」というものがある。

「絶望」とは、あきらめるということだ。

ディズレーリは、人生はあきらめることなどあってはいけないと励ます。

最悪の事態というのはあるかもしれない。しかし、その最悪の事態に対しても、それを乗り越えていく準備をすれば、必ず何とかなるというのである。

例えば、個人で言えば、死や破産、失恋などが最悪の事態だ。しかし、死でさえ、覚悟を決めたうえで、何か助かる道、治療法を探せばいい。破産、失恋は、すぐやり直せる。もっといい事態が来ることも多い。

国家で最悪なのは、戦争そしてそれによる敗戦、滅亡であろう。だから戦争、滅亡にならないための準備は必要だ。憲法第9条があるから大丈夫という発想は、ディズレーリに言わせると愚か者でしかない。大作家、名首相となった男は常に最悪に備えていた。

そして最高の人生を手に入れて輝いた。

41

小さなことにも気を使う

小さなことでも
気を使うべきだ。
小さなひびから、
大きな船も沈むことになる。

ベンジャミン・フランクリン（政治家／アメリカ）

小さなことだからといって決して放置せず、その原因を探り、手を打つかどうかが、その人の力量を示すものである。組織は力のある成長が持続できるものとなる。

逆に、小さなことだからと放置してしまうようでは、個人も組織も、いずれダメになり、沈没する船のようになるのは間違いない。

小さなひびは、必ず大きな割れとなっていくのは自然の成り行きであり、この世の鉄則である。

フランクリンは、元々学歴は何もないのに、その負けん気と好奇心の強さから、一流の実業家、学者、政治家となっていった。この本来の性格から来る、「他人を押しのけてでも」という部分を貫くと、いずれ他人から受け入れられなくなると考え、出しゃばって話をしたり表に立つことを抑えた。そしていろいろ気を配った。

その甲斐あって、アメリカで評価され、ヨーロッパでも人気者となった。

それでも、たとえ小さなことと思えても気を配るという戒めをもって、決して気を抜かなかった。

42

他人に親切な行いをする心掛け

親切な行い（善行）は、決して失敗することのない投資である。

ヘンリー・デイヴィッド・ソロー（作家／アメリカ）

ソローは、いわゆる超変人と見られていた。

頭はよかったが、自分の生き方にこだわり、森の中に一人で住んだりしていた。

そして、純粋で正直な心を持って、世の中そして自然を観察して記録している。

それは『森の生活』という本として出版されたが、当時は変人の書いた本として扱われ、反響はほとんどなかった。

今ではアメリカを代表する古典として世界中で読まれている。日本にもファンが多く、いくつかの翻訳本が出ている。

ソロー自身、偏屈に見えたかもしれないが、自分なりの誠意で、他人のために親切な行いをしていた。

確かに、生きている間の見返りは少なかったかもしれないが、その誠実で正直な観察眼と行動が、その作品に表れていて、死後十分な見返りを得ている。

ソローは、見返りなどをほとんど考えない他人への親切な行い、思いやりある行動は、必ず、本人に返ってくるものであることを、よくわかっていたようだ。

43

目標から片時も目をそらすな

立ちはだかる壁は、
目標から目を離してしまうとき、
恐ろしく見えるものだ。

ヘンリー・フォード（実業家／アメリカ）

目標に進めば、必ず困難という壁が立ちはだかる。

目標が大きければ大きいほど、壁は大きなものとなる。

そんな大きな壁だけを見ると、とても恐ろしくて逃げ出したくなる。

唯一恐くなくなるのは、自分の目標をしっかりと見据えているときである。

その目標は、何とか達成し実現しなければならないのだと強く言い聞かせながら、じっと見つめるのだ。

すると「こんな壁なんて必ず乗り越えてやる」という勇気が湧いてくるに違いない。

目標があるから壁がある。だからやりがいがある。

目標も壁もない人生なんてつまらない。

壁を乗り越えて一つの目標を達成したら、さらに大きな目標を持つべきだ。そしてもっと大きな壁を乗り越えるのだ。

こうして私たちの人生は充実するし、世の中に役立つ人となっていく。

44

仕事は楽しんでやらなければならない

仕事が楽しければ
人生は楽しい。
仕事を嫌々やるのなら、
人生は奴隷のようにつらい。

マクシム・ゴーリキー（作家／ロシア）

どうすれば仕事が楽しくなるか。

一番重要なのは、自分の心掛けであろう。つまり向上心、前向きな姿勢である。

仕事は自ら見つけ、創り出せという人もいる。

仕事を嫌々やる人は、まったく向上心のない人であり、仕事は言いつけられることのみをやる。

しかもこういう人の特徴は、組織あるいは仕事仲間全体の利益などにまったく興味はないというものである。そして自分の給料にしか関心がないため、給料日だけを待っている。

遅刻しがちであるし、挨拶もよくない。あるいは仕事外のことばかり話していて、役に立たない。これでは仕事が楽しいはずがない。

現在の仕事は自分がやりたいものではなかった、という人もいよう。だが、仕事とは自分で見つけ、創り出すものという言葉を思い出してほしい。今の仕事の延長線上に自分のやりたい仕事は見出していけるものであるし、これは、仕事全体の向上に必ずつながるものである。

45

言い訳ばかりする人が成長しないわけ

やらなかったことの
言い訳をするより、
仕事をしっかりと
やり遂げていくほうが、
より簡単なことである。

マーティン・ヴァン・ビューレン（政治家／アメリカ）

この名言は、言い訳ばかりする人が成長しない理由、ましてや成功から見放されていく理由を見事に言い当てている。

私もいつも思うのだが、言い訳ばかりする人は、うまく行かなかったことの理由をうまく考え、その証拠づくりに努力する。

そんな努力をするくらいなら、ちゃんと仕事に力を入れるほうが楽だし、将来の自分のためになる。

それなのに言い訳ばかりをする人の心理はよくわからない。

よくわからないがそれを推測してみると、恐らく、他人頼りの人なのであろう。

自分に自信がなく、責任を取りたくないという人の処世術なのである。

だが、こんな人の未来は暗い。

いずれ必ずお荷物として持て余される。

だったらはじめから、自分から進んでしっかりと仕事をし、問題があったら言い訳をせずに改善していけばいい。このほうがやさしいし、楽しい。

処世術としても何倍も上等である。

46

人は自分の考えた通りの人間になる

人間とは、
思考の産物でしかない。
人は自分の考えた通りの
人間になっていく。

マハトマ・ガンジー（政治指導者／インド）

人間が万物の霊長というものになれたのも、人は自分で考えたような人間になっていくことができたためである。

言葉、思考というものが、人間を創り出していくのである。

人は「どうして自分は恵まれていないんだ」とよく嘆くが、これは間違っているのがわかる。現在の自分は、これまでの自分の思考の結果、自分でつくった習慣がつくったものにすぎないからである。

もちろん自分の思考は、環境に大きく影響を受けるものである。

ただ、それを認めたうえで、自分をまったく違ったものに変えていこうとすれば、それは実現できるものなのである。

常識を打ち破った多くの偉人たちの歴史を見れば、それは納得できるであろう。

今からでも遅くはない。自分の思うような自分をつくっていこうではないか。

47

やるべきことの計画を遂行するには勇気が必要だ

あなたの決断を批判する人は必ずいる。
その批判が正しいと信じざるをえないほどの
困難も出てくるに違いない。
やるべきことの計画を立て、
それをやり遂げるのは、
本当に勇気がいることである。

ラルフ・ワルド・エマーソン（思想家／アメリカ）

他人から批判を受けるということは、生きているということだ。

何か計画を立て、それを実現していこうとすることは、世の中に波を起こすことである。

船が動けば波は起き、他人にいく分かの影響を与える。

影響を与えると、これをとやかく言う人が必ずいる。批判もされる。

これが嫌となれば「もはや生きるな」ということになる。

私たちは生きなければならない。自己主張をし、自分が正しいと思うことを計画し、それを実現していかなければならない。

そのためには勇気がいる。

これを「嫌われる勇気」という人もいるかもしれない。

しかし、嫌われるためにやっているのではない。最初は批判されたとしても、必ず世の中のためになることである。そのためにも批判は受けても、なにくそと自分を信じて進むことが大切なのである。この連続が世の中を発展させていくのだ。

48

信じれば実現する

人は不可能なことは
信じられないものだ。
あなたは、
もっと信じる練習をしたほうがいい。

ルイス・キャロル（作家／イギリス）

ルイス・キャロルが言うことをわかりやすく言い換えれば、「人は信じることができたものについては実現できる」ということになる。

私が子どものころ、好きだったテレビアニメに「スーパージェッター」というのがあった。未来からやって来た少年が、腕時計型の携帯電話を使い、空飛ぶ車〝流星号〟に乗っていた。今、スマートフォンはその上をいっている。空飛ぶ車はまだないが、自動操縦の車はできている。

空飛ぶ車もじきにできるだろう。その実現を信じている人たちがいるからだ。

こうした機器以外にも、自分がこうなるということを本気で信じることができると、それは実現されていく。

他人が「それは無理だ」といくら言っても、本人が「いや、できる」と信じていれば、可能になる。

信じるための訓練が必要だとキャロルは言う。

信じたら、その実現のために努力し、勉強し工夫していく。そうして本気で信じ出すのである。そうしたら必ず実現できるようになる。

49

逆境に揺らがない

逆境に直面したときにも
揺らぐことがない。
これが真に称賛できる人の
ありようである。

ルートヴィヒ・ヴァン・ベートーヴェン（音楽家／ドイツ）

もともと逆境に揺らがないという人はいない。

ベートーヴェンだってそうだ。

努力して、どんな逆境でも揺らがないぞという心をつくり上げていっている。

そのためには何が必要となるだろうか。

一つは、「自分のやるべきことを見つけ、それに打ち込む」ことだろう。それで、どんな逆境にも負けてなんかいられないという強い心ができていく。

ベートーヴェンは耳が不自由になろうとも、負けてなんかいられないと思える作曲という道があった。

もう一つは、すべてを受け入れる度量と感謝する心を持つことだろう。

大哲学者カントは、小さいころから、いつ死んでもおかしくないほど弱い体だったという。

あるとき、医者から、「今生きていることの感謝をしたらどうか」とアドバイスをされ、それまでの嘆いてばかりの自分を変えてみた。いつも「ありがたい」と言うようにしたのである。

すると、心も強くなって80歳まで長生きし、大哲学者となっていったのである。

50

時間を有効に使う

時間は有効に使えば、十分に足りるものである。

レオナルド・ダ・ヴィンチ（芸術家／イタリア）

我々は、時間がないという言い訳をしがちである。

だが、時間だけは、ダ・ヴィンチのような大天才にも、私たちにもまったく同じだけ与えられている。

だから不足しているというわけではない。

要は、有効に活用できていないということである。

「時は金なり」と、ベンジャミン・フランクリンは言った。

時こそお金を生む資源であり、貴重な財産であることを、私たちにもわかりやすく教えてくれたのであろう。

フランクリンは人生計画を立てた。生涯目標、近時の目標そして日々の時間割をつくった。

そして自分の性格をもよい方向に向けるべく計画を立てた。

今あるフランクリン手帳は、こうした彼の考え方を参考にしたものである。

有限でとても貴重な時間を一瞬たりとも無駄にしない工夫をしていきたい。

第3章

発見

BRAIN WILL BE BETTER
BY GOLDEN SAYINGS.

51

自分は何をやるべきかを見つける

あなたの中にある才能と、世の中が必要としている
ニーズが交わるところに、
天職がある。

アリストテレス（哲学者／古代ギリシャ）

どんな人にでも何かしらの才能がある。

だが、多くの場合、その才能を仕事にまで生かせる人は少ないようだ。

その理由は、自分の才能を生かせる仕事がないように見えるからだ。

そして、「世の中そんなものさ」と自分に言い聞かせ、まずは食べるための職に就き、それを漫然とこなすことになる。

それが悪いことだとは思わない。

どんな仕事にだって意義はあって、その価値に差があるわけではない。ただ、自分をもっと生かすことはできるはずである。

同じ仕事をするにしても、自分が向いている部分を知り、それを伸ばし、今の仕事に生かすことで、さらにその仕事での実力は伸びる。さらにその才能が大きく注目され、別のチャンスも出てくることもある。

一番いけないのは、「どうせそんなものさ」と嘆くことに終始することだ。これではつまらない。まだまだ天職にたどりつくチャンスはたくさんあるのだ。

52

幸せは自分の中にある

幸せは、
自分自身の中にあるものであることを
知る人に訪れる。
自分の外にこれを求める人には、
ほとんど訪れない。

アルトゥル・ショーペンハウアー（哲学者／ドイツ）

幸せというのは、自分で感じられるかどうかという主観的なものであり、成功とは社会的地位や名誉、財産を手にする客観的なものと見られてきたようだ。

しかし最近では、「自分が幸せに感じないものを成功としていいのだろうか」ということを考える人たちが増えてきた。

成功というものを、「自分の望むものを手に入れて自己実現していくこと」だと考えるのは、私も正しいと思う。

だから幸せも成功も、自分自身が決め手となる。自分で幸せを感じるように仕向ければいい。そのためには、自分のやりたいことをして、自分が正しいと思う人生をつくっていけばいいのだ。

これに対し、幸せや成功を他人や社会に求め、他人がもたらしてくれるものと思う人には、幸せも成功もほとんどやって来ない。

「幸せは日常のありふれたことにある」とする中国の古典・菜根譚《さいこんたん》の教えは、このショーペンハウアーの言葉と同じ趣旨であり、私もその通りだと考えるのである。

53

変化に遅れない

一つのドアが閉まるとき、
他のドアは開いているものである。
なのに人は、しばしば閉まったドアを
長く未練たっぷりに見つめてしまい、
開いたドアになかなか気づかない。

アレクサンダー・グラハム・ベル（発明家／イギリス）

ベルは電話の発明家として名高く、今も電話はBellと呼ばれている。

しかし、本人は発明家として次々に自分の研究対象を変えていっている。

それは、エジソンも同様であった。これは一流の発明家としての姿勢から生まれたのかもしれない。

日本の発明王と呼ばれたのは豊田佐吉である。

発明家は、必ずといってよいほど実業家たちに振り回されて傷ついている。ベルもエジソンも佐吉もそうである。

佐吉は、その傷を癒すためにアメリカを旅行する。

そこで、まるで蟻のように走る車の列を見た。

そして、「日本でも、アメリカに負けない車をつくらなくてはならない」と考え、帰国後、息子・喜一郎に命じて自動車事業に着手させた。

今では世界一の自動車会社であるトヨタだが、「変わらないことが一番悪い」と現社長が言っていた。

これは、ここでベルが教えてくれていることを言っているのだろう。今までのドアは閉められており、新しいドアが開いているのに気づき、そこに向かわないと企業は終わることになるということだ。

54

心から求めよ、されば与えられん

もし自分の目指した結果を
集中して求め続けられれば、
ほとんどその結果を
手に入れたようなものだ。

ウィリアム・ジェームズ（心理学者／アメリカ）

求めるだけではだめである。

心から、「何としてでも」という気持ちで一心に求めて、そのことに集中していけば、必ず欲しいと思ったものは手に入ることになる。

そのことをアメリカ経験哲学の第一人者ウィリアム・ジェームズは教えてくれる。真摯な努力の継続ができれば、目標としていたことはもう手に入れたも同然であるという。

私は、正確には、少し違うと思っている。

例えば、ウィリアム・ジェームズのようにハーバード大学の哲学教授になりたいと真摯に努力しても、それは難しいかもしれないのではないか。

だから、私はある目標を立てて、真摯に、一途に努力を続けていれば、その人に一番ふさわしい形での位置、境遇を与えられるようになると思っている。例えばハーバード大学教授を超える市井の哲学者と呼ばれるようになるかもしれない。

だから、ウィリアム・ジェームズの言葉の趣旨は間違いではなく、勇気を与えるものに違いない。

あまり厳密に考える必要もないのかもしれない。いずれにしても正しい結果を手にすることになるはずだからである。

55

欠点も長所になる

欠点のない者は、
ほとんどみるべき
長所もないというのが、
私の人生経験から
わかったことである。

エイブラハム・リンカーン（政治家／アメリカ）

リンカーンといえば、数多くの名言が有名で、かつ歴史上その人気が最も高いアメリカ大統領である。

その名言の一つに「40歳になったら自分の顔に責任を持て」というものがある。

顔は生まれつきの良し悪しがあるが、30代、40代というように齢を重ねるにつれて、その人の人生経験が顔に表れてくることを指している。

何もしてこなかった人は何の特徴もない顔になる。

積極的に自分を生かそうと挑戦してきている人には、それだけの面魂《つらだましい》がある。

欠点のない人というのは何もしなかった人のことをいう。だから長所もわからない。

欠点の見える人は、行動している人である。欠点というのは、まだ他人には理解できない、あるいは修正すべき部分のことである。

だからいずれ修正されて正しくなるという可能性がかなりある。つまり長所に変わることが多い。

このように欠点がある人は、可能性が大きな人とも言えるのだ。

56

青春

青春とは、
人生のある時期を
言うのではなく、
心の様相を言うのだ。

サミュエル・ウルマン（詩人／アメリカ）

青春というのは、大体10代の中ごろから終わりを指していることが多い。長く考えて20代の初めまでであろうか。

ところが、これは年齢によるのではなく、青春という人生の中味次第であるということを見事に文章にしたのが、ウルマンの詩であった。

この詩は、占領軍として来日したマッカーサーの部屋に掲げられていたのが外に伝わり、そして松下幸之助が愛誦しているということで日本中で人気となった。

ウルマンは先の言葉に続いてこう言う。

「優れた創造力、逞しき意志、もゆる情熱、怯懦《きょうだ》をしりぞける勇猛心、安易を振り捨てる冒険心、こういう様相を青春と言うのだ。年を重ねただけで人は老いない。理想を失う時に初めて老いがくる」（岡田義夫・訳）

松下幸之助は、事実、40歳半ばで戦後を迎えているが、そこからの快進撃は、この詩のようだった。どちらかというと、それまでより青春の輝きを増し、病気がちだった若いときより健康になり、はつらつとしていた。

そして90歳を超えるまで、日本人の尊敬を集めて輝いた。

57

失敗して真実の全体がわかる

失敗をすることによって、真実の全体がわかるようになる。

ジークムント・フロイト（精神分析学者／オーストリア）

例えば、自分が何をしたいのか、何をすべきなのかがわかるためには、どうすればいいのだろうか。

人はいろいろな知識を、親、学校の先生、本などから仕入れる。

その中から自分に向いていそうなものを選んでやってみることになる。

それで、生涯を通じてやるべきことと出逢う人も、稀にはいる。

野球やサッカーの世界で、世界的にトップクラスの一流選手になる人はそういう例であろう。

ただ、スポーツにしろ芸術にしろ、小さいときからやって一流になる人でも、その分野で失敗から学んで、自分なりのスタイルを築いている。

失敗に学ばないと自分に合ったスタイルとは何かがわからないからだ。

私たち一般人は、できるだけたくさん挑戦して失敗しつつ、その中から自分がやるべきこと、やりたいことがやっとわかってくる。

フロイトは言う。「各人はめいめいで、自分で幸福になれる方法を実験しなければならない」。

ひらめき（インスピレーション）は、日々の生活の営みから生まれる。

シャルル・ボードレール（詩人／フランス）

よい思いつきは、大抵は日頃の蓄積があってのものである。

だからボードレールが言うように、日々の生活の営みから生まれるのである。

毎日を漫然と過ごす人に、ひらめきなどはほとんどない。第一、何がよいひらめきなのかさえわからないだろう。

日本人として初めてノーベル賞を受賞した湯川秀樹は、布団の中でぼんやりしているときに中間子理論を思いついたという有名な話がある。

これも、普段考え抜いている人が、休息しているときにインスピレーションが湧いたという例である。

こうしていつも熱心に考えごとをしたり、勉強したり、仕事をする人が、インスピレーションが出なくてつらいときもある。私の経験からすると、こういうときは、何か日頃と違うことをやってみるのもいい。スポーツ観戦や映画を観るなどである。

フロイトも「インスピレーションが湧かないときは、こちらから迎えに行く」と言っている。

59

自分をよく知るために

一生懸命に仕事をしていると、
自分自身を発見する
チャンスに恵まれる。
これが好きなのである。

ジョゼフ・コンラッド（作家／イギリス）

一生懸命に仕事をしているときは、自分のいろいろな能力を試すことになる。例えば、処理能力、創造能力、継続能力、協調能力、忍耐能力などである。そして、ギリギリのところで頑張っていると、今までにわからなかった自分の能力の高さがわかり、さらに上を目指すこともできる。

一方、いいかげんに仕事をしている人は、自分の本当の力はわからない。それに力は減退することが多い。本当はやればできる能力があるのに、仕事に熱心に取り組まないでいると、その何も努力せず向上しない自分が当たり前となる。それは時がたつにつれてますますひどくなる。

このように、自分を知るというのは結構大変だ。

しかし、「自分にこれだけの力があったなんて」と知ることができたときは、これに優《まさ》る喜びはない。その能力を生かして社会に役立つことができ、より充実した人生も開けていくことになる。

そうして、ますます仕事に頑張る自分を見出すことになるだろう。

60

人生とは何か

人生とは
解決すべき問題なのではなく、
経験すべき現実なのである。

セーレン・キェルケゴール（哲学者／デンマーク）

ここにある名言は、キェルケゴール哲学の基本的思想を表しているようだ。

大学生になったとき、哲学の授業でキェルケゴールを教わり、『キェルケゴール著作集』の中の一冊を読んでみたが、よくわからなかった。

ここにある名言や伝記を読んでから、あるいはヘーゲル哲学などと対比して読むといいのではないかと今では思っている。

キェルケゴールの功績は、単に抽象的な議論となりがちなカント、ヘーゲルの伝統的哲学に対して、私たち個人の姿を問題にしてくれたことであろう。これがいわゆる実存主義のはじまりと言われている理由である。

哲学上の位置づけは別にして、ここで言っているキェルケゴールの言葉には教えられることが多い。

私たちは、今、無理にすべてを解決できなくてもいいのだ。とにかく自分が現実に求めていること、やっていることをよく知り、次に何をすべきかを考えるのがよいのではないかということだ。

61

失敗には価値がある

失敗することはつらいものだ。
しかし、
「成功しよう」と挑戦しないことより
価値がある。

セオドア・ルーズベルト（政治家／アメリカ）

セオドア・ルーズベルトは、新渡戸稲造の『武士道』に感銘を受け、何冊も周囲の人に配ったというのは有名な話である。

その『武士道』の中で、林子平の言葉を引用して、武士が大事にした義について説明している。

すなわち、「義とは、道理にしたがって、迷うことなくどう行動するかを決断する力である」という。

つまり、決断し、行動しての武士道というのである。

ルーズベルトが、『武士道』のどこに感銘を受けたのかは知らないが、少なくとも、正しいこと、思ったことは行動に移すべきで、挑戦してこそのたいした人間であるというところは、同じ考えであったのがわかる。

失敗がつらいからとじっとしているのは武士ではない。死をも恐れないのが真の武士である。

同じく、西欧でも偉大な成功者は皆、自分がやるべきと思ったことに果敢に挑んでいったのである。

62

売れるものをつくることが成功である

売れないものは
発明したくない。
人に役立ち便利なもので、
よく売れるものこそが
成功なのである。

トーマス・エジソン（発明家／アメリカ）

発明家の定義は、エジソンの言葉によく表現されている。

発明家と科学者の違いは、すぐに世の中に役立ち、売れるものをつくれるかどうかという点である。これだけが発明家の定義とはいえないが。

また発明家が資本家、実業家と大きく違うところは、商売上手ではないところである。

だから発明家というのは、大体、ビジネス上の争いに巻き込まれて右往左往する。

発明家が生むものは、資本家、弁護士、弁理士たちの大きなビジネスチャンスだから仕方がない面もある。

発明家というのは、エジソンが言うように世の中ですぐよく売れるものをつくり出すので、ある意味ではよき改善家でもある。これまでの発明をよく改善して素晴らしいものをつくり出したり、技術を集めてより便利なものをつくり出すのである。

「よき改善家」「よき発明家」という分野では最近において日本人の活躍がめざましい。

今でもエジソンの言った「よく売れる」という視点は、どの分野でも大きな社会貢献を示す証拠となっているようだ。

経験は、授業料は高いが、最も良い教師である。

トーマス・カーライル（思想家／イギリス）

私たちは、自分が経験したことを基礎にして自分という人間をつくっていく。だから自分という人間のみならず、他人のこと、世間のことさえ、その経験から推しはかる。それほど貴重な経験であるから、人生における最高の教師であることは間違いない。

ただ、授業料は決して安くない。授業料が高いというのは、それほどにつらい目にあい、犠牲を払う必要があるということだ。

したがって、こうした経験を早く忘れたいというのも人情である。だが、せっかく高い授業料を払っているのだから、ここでよく学んでおくことは、とてもよい知恵を身につけることができる素晴らしい機会となる。

「賢者は歴史に学ぶ」として、ある偉人は、経験よりも、人類全体を含めた歴史に学べとした。歴史に学ぶことも大切であろうが、ベンジャミン・フランクリンも言ったように、まずは自分の経験に学ぶことである。次に他人の経験や歴史も視野に入れるとさらによいと思われる。

64

真似から抜け出そう

誰かの真似をして
成功するより、
自分でやってみて
失敗するほうがためになる。

ハーマン・メルヴィル（作家／アメリカ）

人の真似をしてみるのは決して悪いことではない。

早く一流になりたい人は、自分の尊敬する一流の人を真似てみるといい。一流になるだけの心掛けと努力をしているのがよくわかる。そして、自分でもそうした努力ができるようにチャレンジしてみよう。

ただし、これはある程度までの話である。最初は、一流の人と同じレベルになることを目指して努力をするべきだが、途中からは、自分の力で新しいことに挑戦し、自分らしさを追求すべきである。

そうしないと、必ず限界が来て、将来がないことになる。

ハーマン・メルヴィルが述べるように、結局は、自分でやってみて失敗をすることで学び、次への手を打つ。この繰り返しが本物を生むのだ。本物の一流そして超一流への道はこうしてできる。

真似ばかりしていると、今は楽だが未来は厳しい。

65

質問から進歩は始まる

質問をたくさんする人は、
多くを学び、
それを忘れない。

フランシス・ベーコン（哲学者／イギリス）

「なぜ」という疑問が、物事が進歩するきっかけをつくる。

そして、その「なぜ」を質問するということは、自分やまわりを動かす第一歩となる。

質問という行動に移ることで、物事が大きく前に進む知恵を生むことになる。

そして、その自らの能動的な実践は、記憶に残り、忘れることが少なくなるという副次的な効果をもたらす。

「トヨタ生産方式」をリードした大野耐一《おおのたいいち》は、「なぜ」を5回考えろと指導した。そして、現場からの「なぜ」に始まる改善法を生み出して成功した。

ベーコンはイギリスの学問の父と呼ばれるほどの足跡を残した。

その「なぜ」に始まる質問をするという行為から、イギリスの哲学、思想の進歩をもたらした。

私たちにも与えられている有効な武器である「質問」を大いに利用して、次なる飛躍につなげたい。

66

古い偏見にとらわれるな

この世で、
最も偉大で気高い喜びは、
新しい真実を発見することである。
次の喜びは、
古い偏見を振り払うことである。

フリードリヒ大王（第3代プロイセン王／ドイツ）

ここでフリードリヒ大王が強調しているのは、古い常識、古い偏見の中で、もはや時代の要請に合わないものを振り払って、新しい正しい常識をつくり出そうということである。でないと、みんなが不幸になるからである。

人間には、変えてはならない本質と変えなければならない本質でない部分がある。この変えなければならない部分も、古い常識、偏見にとらわれすぎると、本質のように錯覚してしまう。しかし、そのままにすると、必ず時代の流れからの逆襲を受ける。

悪いときには、国が消滅する。

20世紀を代表する歴史家トインビーは、こうした挑戦に挑まずに傍観した民族、国家は必ず消滅してきたとしている。

フリードリヒ大王は、強いリーダーシップでプロイセンを強国にして、その後のドイツ伝統の強みを教えた。だが、ヒットラーに見るように一人のリーダーを持ち上げる体質が、後に古い偏見となってしまったのかもしれない。

フリードリヒ大王自身は、こうした国民性をもよい方向に変えるべく、古い偏見や常識を振り払おうと言っていたのだ。

67

自分の本当の実力とは

逆境に遭遇して、その苦難を耐え抜いた人でないと、自分の本当の力というものがわからない。

ベン・ジョンソン（劇作家／イギリス）

自分の本当の力は、誰にもわからない。

日常が平穏無事だと、ほとんどわからないだろう。

自分の好きな方向性は何となくわかるが、それも日頃の経験の中で、「これではないか」と気づくのである。

それが、ひとたび逆境や問題に遭遇し、それを乗り越える必要があるとき、人は、日常の自分以上の力を出さなくてはならなくなる。

すると、「こんなところに自分の力があったのだ」ということを知ることができる。

これは逆境とまでいかないことでも、ある問題に対して積極的に挑戦することでわかることもある。

卑近の例で申し訳ないが、私が今、文章が書けるようになったのも、友人の編集者が突然の締め切りに迫られ、予定の著者に急に逃げられることがあったため、私が協力したということがあったからだ。でないと私に文章が書けるのはわからなかった。

これがもっと深刻な大きな逆境ともなれば、より多くの自分の本当の力がわかるようになるのだ。

68

幸せとは何か

幸せは、私たちの内にあるもので、
外にあるものではない。
だから幸せを決めるものは、
私たちが所持している
物や地位でなく、
私たちの心のありようである。

ヘンリー・ヴァン・ダイク（作家／アメリカ）

幸せや成功の定義は難しい。

しかし、お金や高い地位や名誉に価値を置くよりも、ダイクの言うように、心のありようこそ大切であるとするのが正しいと思われる。

実際に最近は、この心のありようこそが成功の中味として正しいのではないかという人も増えている。

いくら物質的に成功したように見えても、みんな不幸になれば、それは成功と言えないのではないかと思えるからである。

だから一人ひとりの心の中に、その人の幸福と成功のありかがあると見るのである。

「生きていてよかった」「うれしい」「楽しい」「喜びを感じる」「やりがいがある」「共感できる」、これらみんな私たちの心のありようである。

こうした心のありようを目指して私たちは努力したい。

このように、自分たちの心を正しく、前向きにして、周囲に感謝していくことで、幸せと言える心のありようも持てるようになってくると思う。さらに成功も手に入れることができよう。

69

問題点の解決策の見つけ方

問題点は細かく分けてから解決していけば、さして困難なものはなくなる。

ヘンリー・フォード（実業家／アメリカ）

さすがは流れ作業による大量生産を生み出した自動車王の言葉である。

一人で車全体をつくるのは困難であるが、細かく分けて、多くの人でつくっていけば、安価で立派な車ができていくことを考え出した。

トヨタではこの考え方を応用して、フォードやGMの車のエンジンを一つずつの部品に分けてチェックして、自社製品と比較をして、米国製に負けない車をつくることを目指した。

いわゆる「トヨタ生産方式」では、どこかに問題があると流れ作業を止めて、みんなでその解決策を考え出す。これも、細かく分けてから問題点を解決していくので、そんなに大きくて困難な問題ではなくなる。

一方、フォードでは今日、このヘンリー・フォードの考え方の原点を忘れ、流れ作業を止めて解決策を見出すということをやらずに、停滞の原因をつくるようになった。

このヘンリー・フォードの考え方は、私たちの人生全般の問題解決のよい方法として、とても参考になるものである。

70

人のふりを見て、わがふりを直せ

時として、
私たちは人の善い行いよりも、
悪い行いから、
多くのものを学ぶものである。

ヘンリー・ワーズワース・ロングフェロー（詩人／アメリカ）

ドイツ統一の功があった鉄血宰相ビスマルクは、「賢者は歴史に学ぶ」と言った。

これも、世界の歴史上の失敗を見て、自分たちの政治に生かすことで、より正しい選択をしようというものであろう。

つまり、人の悪い結果を生んだ行いを見て、その間違いから学ぼうとしたのである。

これは、個人レベルでも大いに当てはまることである。

もちろん善い行いというものも大いに参考にしたいが、それよりもよりためになるのが悪い行いから学ぶことである。

人間というのは不思議なもので、他人の善い行いよりも悪い行いのほうが、より正しく観察できるようである。しかも役に立つ。

「自分は、あんな間違いはやってはいけない」とよくわかるものだ。

この仕組みを利用して、わが人生を向上させていくようにしたい。

よく他人の行いを観察し（特に悪い行いをじっくりと観察して）、自分は同じような間違いを犯さないように気をつけたい。

71

自己重要感は大切である

人は、
自分のことが認められなければ
満足できないものである。

マーク・トウェイン（作家／アメリカ）

フロイトは、人間の行動は、①性欲、②偉くなりたい、の二つから生まれると言っているが、マーク・トウェインの言葉は、このうちの②に含まれる。

カーネギーの言う〝自己重要感〟と同じ趣旨のことであろう。

「偉くなりたい」や「自己重要感」は、金銭や高い社会的地位が欲しいという私利私欲からくるものと、いい行いをしたい、世の中に役立ちたいという思い（いわゆる自己修養や社会貢献欲）からくるものに分かれよう。

いずれにしても、他から何とか認められたいという願いがあってこその向上心である。だから、他人や世の中に認められたいというのは必要なことである。

世の中にはヘンチクリンもいて、自己修養や社会貢献をする人のことを〝名誉欲が強い〟として批判する人もいるが、言わせておけばいい。そんな人自身も、その名誉欲を満足させるために言論活動に勤しんでいるのであるから。

72

本当の知恵は、自らが見つけるものである

本当の知恵というのは、
他人から与えられるものではない。
それは自分にしかできない旅の後に、
自ら発見していかなくては
ならないものである。

マルセル・プルースト（作家／フランス）

人は、知識、知恵を自分の体験のみならず、人の話や本からもたくさん得ることができる。

ただ、それはあくまでも間接的なものにすぎないという弱点がある。自ら経験して知った知恵とは違うこともあるだろう。

このように、人の話や本による知識、知恵というものはとても重要だが、どうしても一定の限界があることを知っておくべきである。

特に、知恵というのは、どうしても自分自身で見つけてこその生きた知恵、本当の知恵といえるものである。

だから人に頼ってばかりではいけない。

人生を旅する中で、自分自身が知恵を発見する人だという心構えを忘れないようにしたい。

こうした心構えの人、そしてそれを実践していく人にこそ、人も知識、知恵を伝えがいがあるし、本を読んでも、それが正しいものかどうかを自分で検証できるのである。

自分が主体的になることで、すべてはうまくまわるようになる。

73

志と実践

志がなければ何も始まらない。
努力なしには何も成し遂げられない。
報酬は向こうから
送られて来るものではない。
自ら勝ち取らなければ
ならないものである。

ラルフ・ワルド・エマーソン（思想家／アメリカ）

エマーソンは、志と実践の二つを重視する。

そして、この二つの間を介在する言葉も、同じく大切と考える。

彼の名言、「思いは花であり、言葉は芽であるが、その後に現実の実践という実をつける」は、このことを示している。

ここでは、より強い言葉で、私たちを励ましている。

志を持って、自分の思いを実現するのだ。

そのために精一杯の努力をしてみよう。

自分で考えた、「これぞぜひやりたいのだ」という志を信念にまで高め、それを手にすることで、自分という人間は生かされることになるのだという。

報酬、つまり自分の望んでいるものは、何もしないのに向こうから送られてくるものではないのだ。

自らの行動の結果、勝ち取るものなのだ。

そのためにも、言葉で強く自分を励まし続け、その志をぜひとも実現するために頑張ってほしいと勇気づける。

74

喜びは心の中にある

喜びは
物の中にあるのではない。
それは私たちの心の中に
あるものなのだ。

リヒャルト・ワーグナー（作曲家／ドイツ）

結果として、物を手に入れると喜びを感じることもある。

例えば、目標のお金や車、服や家を新しく自分のものにしたときである。

だが、よく考えてみれば、これも自分の心がそれに喜びを感じるように仕向けたためである。

現に人によっては、それらを手に入れても何の喜びも感じないという人もいる。私も大してそれらに喜びを感じない。それよりも、例えば人と心を分かち合えたときのほうが、とてもうれしい。

ワーグナーは作曲家である。

私はワーグナーを聴いて素晴らしい曲だと思うが、そのために心を動かされて何かをしようというところまでには至らない。

しかし、日本の有名な歴史作家の中には、ワーグナーを聴くと勇気が奮い立ち、心が満たされ、感動の長編物語を書けるという人もいる。

これも心が最大の動機をつくっているという証拠である。

心には、物では測れない大きな価値があるのだ。

75

わかれば楽しくなる

物事を理解することは、最も高貴な喜びである。

レオナルド・ダ・ヴィンチ（芸術家／イタリア）

レオナルド・ダ・ヴィンチは、あらゆる面で天才と言われている。

それも学問、芸術、科学の分野を幅広く手掛けている。その理由がここでの言葉でわかる。

つまり、それが彼の喜びだったわけである。物事の本質に迫り、理解することができ、その喜びに浸っていたのだ。

逆に言うと、喜び、楽しみこそ物事の理解に早く到達するための心のありようであるのかもしれない。

２０１５年、ラグビー・ワールドカップで日本代表が活躍し、注目を集めているラグビーだが、あのルールがよくわからないという人も多い。そのためか、今では、スーパーにまでラグビーのルールと見方の本が置いてある。ルールを知ってラグビーへの理解が深まると、競技を見るのが楽しみになる。

こういったことは、すべての分野に当てはまる。

だから、極めたいというものがあったら、よく理解するようにしたい。するとその事に取り組むのが楽しく、喜びになってくる。

第4章

進化

BRAIN WILL BE BETTER
BY GOLDEN SAYINGS.

76

楽しく仕事をすれば疲れない

私は仕事で
疲れを感じたことはない。
しかし、怠けていると、
くたくたに疲れてしまう。

アーサー・コナン・ドイル（作家／イギリス）

コナン・ドイルのホームズシリーズが面白いのも、自らが楽しんで仕事をしていたからであろう。

あれだけの大作を書ければ、仕事は楽しく、疲れも覚えないのかもしれない。

ただ、いくら仕事が楽しく、やりがいがあっても、よい仕事を続けるためには、私たちのような一般人（凡人）は適度に休息を入れつつやったほうがいいようだ。

それでも怠けたり、何もしなかったりというのが続くと、コナン・ドイルが言うように、妙にくたくたに疲れてしまうようだ。

私は現在、一日たりとも休まずに仕事をしている。ただし、前述のように頭と体のリフレッシュは必要なので、一日の中でメリハリをつけるようにしている。

一日中何もしない日なんて考えただけでぞっとする。

これがさらに一流、超一流の人になると、仕事は楽しくて疲れなど感じないのかもしれない。

そんなときが来ればいいと思っている。

77

向上心を持とう

向上心のない、
まったくやる気のない人間は、
それまでの人である。
どんなに素晴らしい
才能があったとしても、
意味がない。

アンドリュー・カーネギー（実業家／アメリカ）

平凡であることは悪いことではない。

平穏無事な日常であるほどの幸せはないといえる。

ただ、この平穏無事の日常を幸せと感じるためにも、向上心は必要である。

例えば、自分のまわりの人間関係や仕事を考えてみればいい。

そこにいる人たちを助けていこうともしない、仕事で何をやるべきか考えない向上心のない人、まったくやる気のない人などは、ただの迷惑な人となる。

他人任せで、人に頼ってばかりの人となり、これでは平穏無事ということにはならなくなる。

人類は狩猟の時代に、計画を立て、人と協力し合うことでマンモスなどを仕留め、何とか生きていくということをしてきた。

向上心のない人、やる気のない人は、この人類の基本的な出発点に反する生き方をすることになる。

今は何をやってもいい時代ではある。しかし、その中でも、自分が考える生き方を貫くためにも何もしないわけにはいかない。

向上心、やる気は必ず私たちになくてはならない。あとは、何を目標にするかということとなる。それは自分で決めればいいことだ。

78
常に進化し続けよう

たとえ今正しい道に
乗っていたとしても、
そこにじっとしていたなら、
すぐに正しくなくなるだろう。

ウィル・ロジャース（コメディアン／アメリカ）

企業30年説というのがある。

たとえ好調な企業でも世の中は速く変化するので、それに合わせて変わっていかないと、もう存続できなくなるからである。

例えば自動車でいえば、もともとアメリカでは日本の三〇〇倍近くの生産をしていた巨大産業であった。そこまでの大量生産ができない日本企業は、いわゆる「トヨタ生産方式」などのように在庫を持たないような方式を目指し、さらに燃費がよく環境にやさしい車をつくって自分たちの生きる道を探し続けた。

一方でアメリカの自動車会社はわが世の春を謳歌し続け、変化すること、新しい道を探して行動することを忘れた。それでついには行き詰まった。

企業や仕事というのは、社会に貢献できてこそ存在できる。社会が変われば、変わらざるをえない存在なのだ。

私たちの人生もそうだろう。正しい道は変わり続け、進化し続ける。

私たち自身もいつも正しい道を求めて変化し、進化し続けねばならない。

79

夢に向かって恐れず前進する

空のポケットほど、人間を冒険的にするものはない。

ヴィクトル・ユーゴー（作家／フランス）

ちょっとわかりにくい比喩だが、恐らく、

「余計な既成概念や前知識、先入観なしの人ほど、未知の世界や新しいものに挑戦することができる」

ということではないか。

ヴィクトル・ユーゴーは、こうも言っている。

「夢ほど、未来を創り出していくものはない」

これも、余計な常識にとらわれていない人は、夢を自由に見て、その夢を実現しようと果敢に挑んでいくものであることを言っていると思う。

もう一つ別の見方から言うと、ポケットに何もないということは、しがらみや財産がないとも言える。こんな人は、冒険するのに何の恐れもなくなるということができる。

アメリカ建国の父・ベンジャミン・フランクリンは、ポケットにパン一個でボストンから冒険に出て、フィラデルフィアに着いて、一旗あげている。ポケットは空っぽというのではないにしても、ほぼそれに近い状態であった。

80

失敗するからこそ、学んで成功できる

本当の失敗者とは、
大きな失敗をしたときでさえ、
何も得ることのできない
人のことをいう。

エルバート・ハバード（著述家／アメリカ）

ホンダ創業者・本田宗一郎の有名な言葉には、失敗に関するものが多い。例えば、

「私の現在が成功というのなら、それは過去の失敗が土台づくりをしてくれたものだ。仕事はみんな、失敗の連続である。私のやったことの99％は失敗だった」

「失敗が人間を成長させると、私は考えている。失敗のない人なんて、本当に気の毒に思う」

この本田宗一郎は、若いころトヨタ自動車の部品を製造する下請けの会社をやっていたが、トヨタ中興の祖と呼ばれる石田退三社長が、不屈の精神で失敗から学び優れた仕事をする本田を見て、トヨタの始祖・豊田佐吉を見るようだと言った。そして本田のことを陰になって応援し、今日のホンダができていった。

人はよく「失敗者」という言葉を使うが、失敗者とは成功の準備をしている人のことである。

本当の失敗者とは、エルバート・ハバードの言うように、失敗に何も学ばない人のことである。これは、せっかくのチャンスを見逃し続ける人のことなのだ。

81

他人からのアドバイスを生かす

良いアドバイスを生かすためには、
それを他の人にも
伝えていくことである。
自分の中にとどめておいては、
何の役にも立たない。

オスカー・ワイルド（作家／イギリス）

オスカー・ワイルドは偏屈なところがある人だったようだ。常に人とは違うことを言い、振る舞い、自己重要感を満たしていたのだろう。

彼は、他人からのアドバイスは、自分の中にとどめていては何の役にも立たないと言うが、私は役に立つことも多いと思っている。

ただ、オスカー・ワイルドが教えてくれるように、アドバイスを他人に伝えていくことは二つの意味でとてもいいことだといえる。

一つは、よいアドバイスは、他の人のためにも役立つ意義があるからである。

もう一つは、他の人に、自分はこんなアドバイスを受けたと言えば、ある人は「それは的確なアドバイスだ」と言い、ある人は「それは間違っている、あなたはそんな人ではない」とお世辞を言うかもしれない（正しいこともあろうが）。いずれにしても、そのアドバイスをよく考える機会を増やしてくれることになるのだ。

結局、他人からのアドバイスというのは、受けるこちら側に、それをよく考え、受け入れる度量、柔軟性が求められることになる。

82

環境、状況は自ら変えていこう

強くて成功していく人は、
今ある環境、状況に決して負けることはない。
なぜなら、それを自分の望む環境、
状況に変えていくからだ。
彼の持つ本当の力と情熱が
物事を自分の望むように変えていくのだ。

オリソン・スウェット・マーデン（作家／アメリカ）

少し根気はいるが、環境、状況というのは自分の望む方向に変えていくことができる。

少なくとも、これまで偉人と呼ばれる人たちはそうしてきた。

まったく難しい環境、状況があり、それを変え、忍耐強く自分のやるべきことができるように変えていったから偉人となったのだ。

私たちはすぐに環境や状況の悪さを理由にあげて、できない言い訳として自分を納得させがちであるが、それでは何も変わらない。

やりたいことができず、なりたい自分にもなれっこない。

他人による恩恵を期待するだけとなる。

もちろん時代の流れ、人々の空気、声というものはある。それをも動かすきっかけは自分になればよいのだ。

強い願望と意志を持って、自分のまわりを少しずつ変えていこう。

小さいことでも一つずつ変えて、自分の望む方向へ向かっていけば、あるとき潮目がバッと変わるときが来るのだ。

83

未来があるさ

すべてが失われようとも、まだ未来が残っている。

クリスチャン・ネステル・ボビィー（作家／アメリカ）

未来のことはわからない。

もちろん様々なチャンスはある。何がどうなるかなんて、本当にわからない。

未来のことを語る人＝フォーチュン・テラーは占い師のことを言うが、占い師は当たらなくても、誰も文句は言わないのはそのためだ。

未来なんてわかるはずはないのは、誰だってわかっているのだ。

ノストラダムスにしろ、マヤの予言にしろ、読み物としては面白いが、未来は私たち一人ひとりが、これから考えて創り出していくものである。

確かに物事に失敗し、うまくいかないと「もうおしまい」と思うことがあろう。

しかし、未来は何が起きるかまったくわからない。

だから、もうだめというところから、何かしらのチャンスをつくって、あるいはつかんで再挑戦すればいい。もうだめだとあきらめてしまったら未来はなくなる。未来があるさと言い続けよう。

84

物事を成就させるコツ

何事も、
始めてしまえば心は燃えてくる。
そして続けていれば、
物事は成就するものだ。

ゲーテ（劇作家／ドイツ）

朝、起きる。やはり眠いし、もっと寝ていたいと思う。

でも私にはやることがある。それで、何とか始める。例えば原稿書きである。

すると30分もやっているうちに、やる気が出てくる。心が燃えてくるのだ。

こうして夜になって就寝時間になると寝るのが惜しくなる。早く朝が来ないかなあと思う。

しかし、寝ないとペースが乱れる。

何が言いたいかというと、物事を始めるまでの大変さと、始めてしまえば心が燃えてくるという話だ。

物事は、心に燃えるものがないと動かない。これは、エンジンが動かないと車が走らないのと同じだ。

どちらも動き始めるまで、そして一定の調子が出るまでが難しい。

といっても、適度なところで休ませないと故障する。この調整をうまくやっていけば、物事は見事に成就していくのである。

85

物事は、失敗を経てから成功する

物事が順調にいって
成功すると思うのは間違いである。
物事は、ほとんどが失敗を経てから
成功していく。
失敗は、他では学べないアドバイス、
道筋などの教えを与えてくれる。

サミュエル・スマイルズ（作家／イギリス）

安心していい。

無理に失敗しようとしなくても、成功を目指して前に進めば必ず失敗する。

失敗を経験したことがないと言う人もいるかもしれないが、それは本物の成功に至っていないのだ。

「何もしない、ただの現状」を成功したと言っているに過ぎない。

そう思う人は思えばいい。

ただ世の中は、やることがいっぱいである。やらなければならないことだらけである。

何もしないでいて成功していると言う人は、その世の中に笑われるだけの人であろう。論語で言う「小人《しょうじん》」の典型であろう。つまり、つまらない小人物である。

失敗はつらい。泣きたくなる。

だがそこには、サミュエル・スマイルズが言うようにたくさんの教えがある。本当の成功に至るまでどうすればいいかのヒントをたくさんくれる。

サミュエル・スマイルズの世界的名著『セルフ・ヘルプ』は、こうした失敗を経験して、頑張って成功していった人たちの記録である。

失敗なしに成功はないことを教える素晴らしい本である。

86

同じ失敗はしてはいけない

成功とは、
失敗をしないことではない。
二度と同じ失敗を
繰り返さないことである。

ジョージ・バーナード・ショー（劇作家／イギリス）

実際には、二度、三度と失敗することがある。

バーナード・ショーが言いたいのは、「同じ失敗はしないぞ」と、反省、工夫をして取り組む姿勢を持とうということである。

うっかりミスで同じ失敗をするのは、許されることではない。

ただ、同じ失敗をしないぞと思ってやっても、別の原因によって結果として同じ失敗をすることもある。

それでも、次は失敗してなるものかと反省のうえに再チャレンジしていくことが、本当の成功につながるのである。

バーナード・ショーは、当時、世界を代表する作家であった。今、その名はオードリー・ヘプバーン主演の映画『マイ・フェア・レディ』の原作者として知られている。

この映画の原作においてバーナード・ショーが伝えたかったのは、人は失敗をしても、自分の強い思いを自分に言い聞かせて変えていけば、それは実現に向かうということだ。今の逆境や、ましてや一度の失敗などに負けてはならない。

87

困難があってこそ人は磨かれる

強い圧力の下で磨かれて、
ダイヤモンドはできる。
同じく人間も困難に磨かれて、
光り輝く人となる。

トーマス・カーライル（思想家／イギリス）

戦前そして戦後しばらく全国の小学生が唱歌として歌い、今もいくつかの女子学校で引き継がれている「金剛石《こんごうせき》の歌」というものがある。

金剛石というのはダイヤモンドのことだ。

その詩は「金剛石も磨かずば 玉の光はそわざらむ 人も学びてのちにこそ 真の徳はあらわるれ」と始まる。

昭憲皇太后（明治皇后）が、ベンジャミン・フランクリンの13徳に感銘を受けて創られたものだ。

ここで「人も学びて」というのは勤勉であることを意味しているが、広くとらえれば、カーライルのように困難に磨かれて学ぶことも入るだろう。

ダイヤモンドはこの世で一番美しく、高価なものとされているが、それは大変な力で磨きに磨かれてできるものなのである。

人間も同じであろうとカーライルや昭憲皇太后は見る。どんなに原石が素晴らしくても、困難に磨かれて、はじめて人は、光り輝く人となるのである。

88

利他の心を持てば幸せになる

すべて人の心は、他人に良いことをすることで喜びに満たされるものである。

トーマス・ジェファーソン（政治家／アメリカ）

人類の永遠の課題は「利他の心を持つ」ということである。

「仁」の人になれ。つまり相手にとって一番よいと思われるところができるようになれと孔子は言った。同じく、ここのジェファーソンに見るように、「他人を愛しなさい」と欧米のキリスト教は建て前として言う。

中国でも、欧米でも、利他の心こそ一番人を喜ばせることであった。それによって自分も幸せになれる道であるとわかっていた。しかし、どちらも個人主義、私欲優先の社会からなかなか抜け切れないでいる。

日本でも私利私欲の人はけっこういる。一部の官僚、政治家、資本家たちを見ればわかる。だが、他人によいことをするのが自然に出てくる社会を築いている。これは東日本大震災のときの人々の行動を見てもよくわかる。

これは一つには日本人が孔子の論語や西欧の偉い人の教えを忠実に学び、身につけ続けていることにもあると思う。

また「他人や世の中のためになることをすればうれしい」という日本の共同体の長い歴史があるからでもあろう。

89

よい人間関係は、お金に優先する

一番裕福な者とは、
真の友人を持つ者のことである。

トーマス・フラー（神学者／イギリス）

私はこれまで何人もの大金持ちを見てきた。

しかし、うらやましいと思ったことはない。友人にもなれなかった。

彼らには確かにある種の友人もたくさんいて、世界中でいい思いをしているようだ。

彼らはお金にはうるさい。税金もなるべく払わないような手段を工夫し、その方法を仲間で教え合う。

すべてはお金が出発点である。友人もほとんどその仲間である。

そのうちに必ず仲間割れ、仲違いをする。しかも家族関係も怪しくなる。すべてはお金だからだ。

友人関係も、もちろんお金が出発点であるから現金なもので、すぐに馬脚を現す。

お金持ちになりたいという人は、それを目指せばいい。ただ人生の喜びは、結局はよい人間関係にあって、お金はそれに奉仕するものと考えるのがいいと私は思うだけだ。

東南アジアで華僑の金持ちとジョイント・ベンチャーをやったことがあるが、従業員をお金儲けの使い捨て道具としか見ない彼とは長く続かなかった。いくら世界各地に別荘を持っていても、つまらない人にしか見えなかった。

お金は大切だが、よい人間関係に奉仕するのがお金だとの視点は失ってはいけないと思っている。

90

仲間、社員の成長が成功を呼ぶ

将来の絶え間ない成功は、
仲間、社員が
成長することにかかっている。

ハーベイ・ファイアストーン（実業家／アメリカ）

松下幸之助の名言に「松下電器は人をつくっています。ついでに電気製品をつくっていま す」というのがある。

また、戦後のトヨタの世界進出を成功させたときの社長・豊田英二にも、「物をつくって売っている以上、まず人をつくらなければどうしようもない」という言葉がある。

どちらも、ここでのファイアストーンの言葉と同じ趣旨のことを言っている。

事実、現在のトヨタにも引き継がれているように、労使協調の伝統の上に、「トヨタ生産方式」や「よい品《しな》、よい考《かんがえ》」などを徹底して、社員の成長をはかることで会社も成長してきた。

「雇用は絶対守る」と世界中の社員の首切りをしない方針を表明し、ムーディーズに格下げをされたときの社長・奥田碩《ひろし》も、格付け会社を堂々と批判し、トヨタほど安全な会社はないと言い切った。

それは、会社員一丸となってトヨタマンとして鍛えられてきた誇りと自信からの発言だったのである。

91

成功とは壁を乗り越えてきた過程のこと

成功とは、
今ある地位ではなく、
それまでに乗り越えてきた
障害の数々が
何であったかということによって
測るものである。

ブッカー・T・ワシントン（作家／アメリカ）

よい偉人伝とは、単なる成功譚《たん》で終わるものではない。「成功に至る過程で障害の数々をどうやって乗り越えてきたか」ということをきちんと調べて書いてあるものである。

私も、ワシントンが言う成功概念に強く共鳴する。

楽をして、速く安易に成功しようという人は多い。

しかし、かりそめの成功者は必ず足元をぐらつかせ、その後、世の中から消えていく。

それはニセの成功というもので、やはり本当の成功とは、自分の目指したことがらにおいて必ず現れる障害の数々に対して、丁寧にきちんと対処しつつ、自分のまわりの人たちの協力も取りつけつつ、成功していってこそのものとなる。

日本においても、例えば戦国時代の覇者、徳川家康の手法は、まさにこれであった。

だから、「人の一生は重荷を負うて遠き道を行くがごとく。急ぐべからず」とか、「怒りは敵と思え」などの遺訓があるのだ。そして不変の成功を手に入れていった。

92

すべては解決できる

人間が引き起こす
問題は何であれ、
解決できないものはない。

プラトン（哲学者／古代ギリシャ）

目の前に現れてくる問題は、解決されるためにあるようなものだ。問題が解決されることで、自分も社会もよくなる。だから問題が出てくるというのは、先へ進むためには必要なことなのである。

だが、こうした問題にひるんでしまい、解決は難しいと逃げると、事態はますますひどくなる。

私たちの人生では先の展開がなくなり、道は塞がり、停滞したままとなる。ひどいときは奈落の底へ落ちていくのを見ているしかなくなる。

国や文明で言えば、トインビーが言ったように、突きつけられた問題を解決せずそのまま放置すると、それは必ず消滅していくことになるという。

しかし、いずれも人間が引き起こした問題なのだ。だからプラトンが言うように解決できないものではないのだ。

また、自然現象による問題が生じたときは、これと対決するのではなく、どうやって共存していくかを考えるのが、日本人の古来からの知恵である。

93

人間の価値

人間の偉大さは、逆境をどう耐えたかで決まる。

プルタルコス（作家／ローマ）

プルタルコスの英雄伝は、西欧の大古典として後世の人々に大きな影響を与えた。日本でも「プルターク英雄伝」として、明治以来親しまれてきた（プルタークはプルタルコスの英語名）。

シェイクスピアも、この英雄伝に影響を受けて「ジュリアス・シーザー」や「ロミオとジュリエット」などの多くの名作を遺している。

こうした古代の英雄たちの研究、著作からわかることは、偉大な英雄たちは、みんな逆境を耐え、乗り越えているということだ。そして、その耐え方、乗り越え方で、その偉大さが測られるのだ。

どんな人も、必ず逆境というものはある。

その逆境は確かにつらいものであるが、自分を向上させ人間的に大きくさせ、偉大な業績もそこから生まれることになるのだ。

だから私たちは、逆境に遭遇したとき、単に嘆いてばかりではなく、そこから一歩踏み出し、なにくそと立ち上がり、自分を成長させるための試練として立ち向かう必要があるのだ。

94

みんなの力が結集されれば怖いものはない

人が集まってくることが
始まりであり、
人が一緒にいることで進展し、
人が一緒に働くことで、
成功をもたらす。

ヘンリー・フォード（実業家／アメリカ）

なぜ人は会社をつくり、そこに入り、仕事をするのか。

それは、自分一人ではたいしたことができないのを知っているからである。

フォードは、自動車を大量につくることで安く人々に提供し、車社会を実現した。それとともに多くの従業員たちの仕事をつくり、生活を向上させ、能力を生かした。

トヨタや日産が車づくりを始めたとき、フォードやGMの技術や仕組みを取り入れようとしたが、そのあまりのレベルの高さに、何十年も学び続けなくてはならなかった。

フォードには頑固な発明者的性質もあったが、エジソンに強く影響を受けて、とにかく人々の役に立つ車をつくり出すんだという使命を持ち、それに打ち込んだ。

フォードも若いころエジソンの会社で働きながら学んだように、最初から一人ではたいしたことはできない。

やはり人が集まって、一つの目標に向かって強く結集すれば、ほとんどのことは成し遂げられる。怖いものはなくなるのだ。

95

目的は必ず貫き通して達成しよう

成功の秘訣は、
自分の目的は必ず貫き通して、
達成するという
信念を持つことである。

ベンジャミン・ディズレーリ（政治家／イギリス）

ディズレーリは、最初、小説家を目指し、次に政治家を志した。いずれも当初は、笑われるほどのものであったが、後に小説家として大成し、ついにはイギリスの全盛期を代表する首相として活躍した。

初めて政治家として議会で演説したときも、これほど下手な人はいないと酷評された。しかしディズレーリは、そこで「皆さんは後で必ず私の演説に拍手喝采するようになるだろう」と宣言したという。

そう宣言したディズレーリは、勉強に勉強を重ね、問題点を詳しく調べ、そのうえで演説を繰り返し練習した。

その努力のお陰で、議会は本当に彼の演説に感動したのである。

ディズレーリの信念は、目標を立てたら、必ず貫き通して、それを達成するということにあった。それまではやめるものかという信念の強さにあった。この信念の強さが、自分を奮起させ、努力させる原動力となったのである。

96

間違えてもいい

間違えてもいいという自由が含まれていなければ、その自由には価値がない。

マハトマ・ガンジー（政治指導者／インド）

孔子は過ちを認めないのを過ちと言った。

すなわち、人間は過ちがあるから進歩するのである。だからその過ちを認めず、進歩しない人のことを「過ちの人」というのであろう。

何も最初から過ちを犯そう、間違えようというのではない。

正しい方向を目指していくのだが、どうしてもそれが間違っていることがある。

こうして間違えるから、正しい方向もよくわかるのである。

それが、間違えてはいけないと言われると、何もできないということになる。つまり自由があったとしても、かなり意味のないものになる。

ガンジーの言うように価値がないことにもなろう。

今、この世にあるすべてのよいものは、人類のこれまでの間違いを正すことで生まれたと言ってよい。

「間違える→正す」これが私たち人間が未来へ進む勇気を与えてくれるのである。

97

自分の過ちにとらわれ過ぎない

人は誰でも過ちを犯す。
しかし、
自分の過ちにとらわれてばかりの者は
愚か者である。

マルクス・トゥッリウス・キケロ（哲学者／ローマ）

キケロは波乱万丈の人生を送り、そのためにローマを追放されることもあったが、終生自分の正しいと考えることを堂々と主張する人であった。

ローマの独裁者となり、過ちを犯さない英雄のように扱われたカエサル（シーザー）でさえ強く批判した。

このこともあってカエサルの人気が後世高く、キケロに対する批判が圧倒的に多かったのも、キケロらしいと言えばキケロらしい。

日本でもカエサルの人気は、塩野七生氏の各著作を待つまでもなく高いものであった。

しかし、日本人というのは、弱い人や英雄の政敵であろうと、必ずその言い分を知ろうとする。

岩波文庫をはじめ、キケロの各著作が広く読まれているのは誇らしく思う。そしてキケロの言葉には大いに励まされる。

過ちは反省しなければいけないが、それにとらわれ過ぎる者は愚か者であると言っている。

私もこの言葉にどれほど勇気づけられたかわからない。

98

高い壁ほど乗り越えがいがある

壁は高ければ高いほど
（障害が大きければ大きいほど）、
乗り越えたときの栄光は大きい。

モリエール（劇作家／フランス）

栄光（glory）とは何か。

普通は、大きな名誉、名声を指すと思う。

ここでモリエールが言っている栄光は、単に名誉、名声に限らないのであろう。

モリエールの言う栄光には、人生の価値や広い意味での財産、そして自分の力量というものも含まれている。

人は目の前に立ちはだかる壁が大きければ大きいほど、問題があればあるほど、それを乗り越えるには相当の力が必要となる。

頭を使い勉強し、工夫しなければならない。

こうして、その壁を乗り越えたあかつきには、相当の実力を身につけることになる。

そして、得るものも大きなものとなる。

財産を得ることもあるだろうが、それより大きいのはそこで得た知恵である。

自分の前に立ちはだかる壁を見たとき、「よおし、乗り越えてみせるぞ」と自分を励ますことは、未来への自分の価値を高めていくことと同じである。

99

とにかくやってみよ

難しいからやらないのではない。
やろうとしないから
難しくなるのだ。

ルキウス・アンナエウス・セネカ（政治家／古代ローマ）

サントリー創業者・鳥井信治郎の口ぐせとして有名な「やってみなはれ」という言葉がある。

人は概して、やろうとしないで、やれない言い訳をたくさんする。

また、人が何か新しいことをやろうとすると反対する。

するとそのうちに、それは難しいことであると思えてくる。

だからセネカも言うのだ。

「やろうとしないから難しくなるのだ」と。

実際に、やり始めると難しいこともあるはずだ。

しかし、次元が異なった難しさとなる。

それは実現に向けての難しさであり、ある種の楽しみもあるのだ。

何もしないでいると、その難しさは、とても突破できないほどのものと思えてしまう。

だが始めてみれば、その難しさへのアプローチの道筋も見えてきて、やりがいのある、また何とか突破できると思える難しさへと変わる。

100

創造力に限界はない

燃えあがる才能と勤勉さを前に、「ここから入ってはいけない」というバリアを設けることはできない。

ルートヴィヒ・ヴァン・ベートーヴェン（作曲家／ドイツ）

ベートーヴェンの言葉を別の言葉で要約するならば、「創造力に限界はない」ということだろう。

例えば、いくら思想・表現の自由に圧力を加え、人の内心を見分けるために踏み絵などを考えても、人がそれに屈することなく打ち破っていくことは、歴史が証明している。

西欧社会では、キリスト教を前提とする創造性しか認められない建て前だが、ニーチェのように「神は死んだ」として、それを超える創造力を発揮する人も出てこよう。トインビーもキリスト前のギリシャあたりの宗教性を見直していた。

この点、日本は、神も自然も私たちと共に生きているもので、よいことをどんどん創り出すことを制限するものはない。

ただし創造性を発揮するのは、人や社会に役立つものにおいてでなければならないという、それ自身に内在する制約はあるだろう。

自分たちを否定し、存在しなくなるようなことを創造性の名の下でも許してはならないからだ。

【著者紹介】

木村進（きむら・しん）

1964年東京生まれ。
さまざまな職業を経て、現在はサービス業を中心とした経営コンサルタントとして活躍する。
また、世界各地のサービス業調査も行う。

人生における言葉の重要性に気づいて以来、言葉の研究に取り組み、多くの人へ「運命を好転させるための言葉の使い方」のアドバイスを行っている。

著書に『20代のうちに知っておきたい 言葉のルール21』『日本人なら知っておきたい名言100』『人を好きになり、人に好かれる 人間関係の技術』（すべて総合法令出版）がある。

頭がよくなる名言100

2016年3月7日　初版発行

著　者　木村進
発行者　野村直克
発行所　総合法令出版株式会社
〒103-0001 東京都中央区日本橋小伝馬町15-18
ユニゾ小伝馬町ビル9階
電話 03-5623-5121

印刷・製本　中央精版印刷株式会社

落丁・乱丁本はお取替えいたします。

ISBN 978-4-86280-492-1

総合法令出版ホームページ　http://www.horei.com/